일본어 명카피
필사 노트

| 정규영 엮고 해설

恋が終わってしまうのなら、

夏がいい。

사랑이
끝나버릴 거라면,

여름이
좋다.

원어 낭독과 함께 읽어보세요.

[일러두기]
- 본문에 수록된 일본어 문장은 원문이 지닌 분위기와 감정을 살리기 위해, 직역보다는 의역을 우선한 경우가 있습니다.
- 일본어와 한국어 문장을 1:1로 대응시키기보다는, 전체적인 뉘앙스와 메시지를 느끼는 데 중점을 두었습니다.
- 문장 본연의 울림과 감정에 더욱 집중할 수 있도록 일부 상품명이나 직접적인 상업성 표현은 필사의 흐름을 고려하여 생략 또는 편집하였습니다.

차례

저자의 편지

이 책의 구성과 사용법

Part 1.　맛있는 삶.
　　　　おいしい生活。

Part 2.　순간도 일생도 아름답게
　　　　一瞬も 一生も 美しく

Part 3.　고마워, 어제의 나.
　　　　ありがとう、昨日のワタシ。

✉

쓰는 사람은 천천히 살아간다.

書く人は、ゆっくり生きる。

파이롯트 인쇄광고 (2016)

안녕하세요.
광고 크리에이티브 디렉터 정규영입니다.

몇 해 전부터 저는 일본 광고 카피에 담긴 감성과 통찰에 깊이 매료되었습니다. 그중에서도 제 마음에 오래 남은 문장들을 골라 SNS와 브런치를 통해 소개해 왔습니다. 많은 분들의 관심과 응원 덕분에 『한 줄 카피』와 『일본어 명카피 핸드북』의 출간으로 이어졌죠. 감사하게도 책들 역시 큰 사랑을 받았습니다. 책을 읽은 분들이 SNS 게시물이나 DM 등을 통해 책에 대한 소감이나 코멘트를 남겨 주셨는데요, 유독 인상적인 것이 있었습니다. 바로 '필사 인증샷'이었죠.

매일 한 페이지씩 공책에 옮겨 쓰고 낭독하는 주부,
멋진 캘리그라피로 카피를 하나의 작품처럼 표현한 학생,
그날 와닿는 문장을 골라 필사하며 하루를 시작하는 회사원…

많은 분들이 광고 카피를 필사의 대상으로 삼고 계셨습니다.
그러고 보니, 필사에 관심을 가진 분들이 주변에 많이 늘어나고 있는 시기였습니다.

필사가 새로운 것은 아닙니다. 예전부터 글쓰기 수련의 방법이나 마음을 다듬는 방법으로 필사를 하시는 분들이 있었으니까요. 빠르고 효율적인 디지털 세상의 피로감 때문에 요즘 들어 필사에 대한 관심이 더 많아진 것이 아닌가 생각됩니다.

그래서 생각했습니다.
한 줄짜리 헤드라인뿐만 아니라, 문장 전체의 결을 느끼며 써볼 수 있도록 바디카피까지 좋은 카피를 소개해 드리면 좋겠다고요. 『일본어 명카피 핸드북』 편집팀도 같은 생각이었습니다. 그렇게 이 책의 기획이 시작되었습니다.

이번 책에서는 1980년대부터 2020년대까지, 약 40여 년에 걸쳐 발표된 광고들 속에서 시대와 산업을 넘어 지금도 마음을 움직이는 광고 100편을 골랐습니다. 신문, TV, 포스터, 온라인 등 모든 매체와 식음료, 뷰티, 생활용품부터 통신, 제조, 금융 등 거의 모든 분야를 아우르고 있어, 지루할 틈 없이 흥미롭게 필사를 하실 수 있을 겁니다.

필사는 그저 다른 글을 베끼는 일이 아닙니다.
문장에 담긴 감정과 생각을 손끝으로 느끼며 옮기면서 나만의 것을 채우는 과정입니다. 여기에 소개된 카피를 따라 쓰면서 일본어 실력은 물론, 세상을 바라보는 눈도 조금은 달라질지 모릅니다.

이 책과 함께하는 시간이 공감과 발견의 기쁨으로 가득하길 바랍니다.
읽고, 쓰고, 사유하며 천천히 살아가는 감각이 충만하면 좋겠습니다.
마지막 페이지를 덮을 때, 조금 달라진 나와 마주하길 기대하며.

정규영 드림

이 책의 구성과 사용법

이 책은 일본 광고 속 명카피 100편을 엄선하여, 감상과 필사를 함께 할 수 있도록 엮었습니다. 광고 문장은 짧지만 강한 힘을 가집니다. 시대를 담고, 마음을 흔들며, 메인 카피 단 한 줄로 깊은 인상을 남깁니다. 이 책은 그런 문장들을 손으로 직접 옮겨 써보며, 천천히 음미하고 자신만의 감상으로 이어가는 것이 목적입니다.

각 카피는 다음의 네 가지 구성으로 이루어져 있습니다.

◆ 일본어 원문
실제 광고에 사용된 문장을 가능한 한 원형에 가깝게 실었고
문장의 호흡이나 리듬을 느낄 수 있도록 줄바꿈과 문장 단위를 조정했습니다.
단, 바디카피가 너무 긴 경우에는 필사에 적절한 분량으로 편집했습니다.

◆ 주요 단어 풀이
문장을 해석하며 필사할 수 있도록
주요 단어에 일본어 독음과 간결한 뜻을 덧붙였습니다.

◆ 한글 번역
단순한 직역이 아닌, 광고의 분위기와 맥락을 고려하여 자연스럽게 옮겼습니다. 원문과 번역을 비교하면서 일본어 문장 구조와 표현의 미묘한 차이를 이해하는 데 도움이 되기를 바랍니다.

◆ 광고주 정보와 코멘트

카피가 사용된 브랜드와 캠페인 배경, 문장에 담긴 메시지에 대한 해설을 짧게 덧붙였습니다. 시대상이나 사회적 맥락을 통해 깊이 있는 이해를 할 수 있도록 했습니다. 필요한 경우에는 일본어 단어나 문형에 대한 보충설명을 붙였습니다.

필사는 문장을 쓴 사람의 통찰과 마음에 닿는 과정입니다.
그래서 속도보다 꾸준함이 중요합니다.
한 줄 한 줄, 음미하는 가운데 정성껏 쓰면서
문장이 나를 통과하는 시간을 충분히 가져보세요.

자, 준비되셨죠?

미리 알면 좋은 일본어 카피 상식

1. 단어를 강조하려고 가타카나로 바꾸거나, 부드럽게 보이려고 히라가나로 바꾸기도 합니다.
2. 짧은 문장이지만 리듬감을 주기 위해 쉼표(,)와 마침표(。)를 사용합니다.
3. 호기심을 유발하고, 여운을 남기기 위해 내용을 생략하기도 합니다.
4. 한 광고 카피 안에서 반말과 존댓말이 섞여 나오는 경우가 있습니다.
   심리적 거리나 감정을 조절하기 위한 의도적 장치입니다.

Part 1

맛있는 삶.

おいしい生活。

인생의 여러가지 맛이
스며들어 있는

카페들을
손끝으로
느껴보세요.

1

生まれる。　　　　　　　　　　　태어나다.
泣く。　　　　　　　　　　　　　울다.
歩く。　　　　　　　　　　　　　걷다.
笑う。　　　　　　　　　　　　　웃다.
語る。　　　　　　　　　　　　　이야기하다.
<u>立ち止まる</u>。　　　　　　　　　 멈춰 서다.
叫ぶ。　　　　　　　　　　　　　외치다.
出会う。　　　　　　　　　　　　만나다.
別れる。　　　　　　　　　　　　헤어지다.
つながる。　　　　　　　　　　　이어지다.
生まれる。　　　　　　　　　　　태어나다.

人は、人生で、　　　　　　　　　사람은 인생에서
何文字の言葉を書きたくなるんだろう。　몇 글자의 단어를 쓰고 싶어지는 걸까.

　　　　　　　　　　　　　　　　　　- 파이롯트 신문광고 (2009)

生(う)まれる 태어나다 | 泣(な)く 울다 | 歩(ある)く 걷다 | 笑(わら)う 웃다 | 語(かた)る 이야기하다 | 立(た)ち止(ど)まる 멈춰서다 | 叫(さけ)ぶ 외치다 | 出会(であ)う 만나다 | 別(わか)れる 헤어지다 | 繋(つな)がる 이어지다 | 人(ひと) 사람 | 人生(じんせい) 인생 | 何(なん) 몇, 무엇 | 文字(もじ) 글자, 문자 | 言葉(ことば) 단어 | 書(か)く 쓰다

필기구 전문기업 파이롯트는 제품의 기능을 내세우기보다는, '쓰기'라는 행위 자체에 대한 철학을 담은 깊이 있는 광고를 발표해 왔습니다. 이 카피도 인간의 삶을 짧은 동사들로 압축하고, 브랜드의 정체성과 연결해 독자들에게 자신의 인생을 돌아보게 만듭니다. 특히, '태어나다'로 시작해 다시 '태어나다'로 이어지는 순환 구조는 인간의 삶에 대한 본질을 담담하게 통찰하며, 조용하지만 묵직한 울림을 줍니다.

여기서 立ち止まる는 「立つ(서다) + 止まる(멈추다)」가 결합된 복합동사입니다. 단순히 움직임을 멈추는 것뿐만 아니라, 인생의 갈림길 앞에서 고민하거나 잠시 멈춰 서는 모습까지도 표현할 수 있죠.

いまも覚えている先生の一言は、
どれも教科書に載っていなかったことでした。

지금도 기억하고 있는 선생님의 한마디는
모두 교과서에 실려 있지 않은 것이었습니다.

英語の先生が教えてくれたこと。
Loveとlikeの違い。

영어 선생님이 가르쳐 주신 것.
Love와 like의 차이.

数学の先生が教えてくれたこと。
解がない人生の問題。

수학 선생님이 가르쳐 주신 것.
해답이 없는 인생의 문제.

国語の先生が教えてくれたこと。
絵文字による感情の伝え方。

국어 선생님이 가르쳐 주신 것.
이모티콘으로 감정을 전달하는 방법.

— 리쿠르트 포스터 (2009)

今(いま) 지금 | 覚(おぼ)える 기억하다 | 先生(せんせい) 선생님 | 一言(ひとこと) 한마디 | 教科書(きょうかしょ) 교과서 | 載(の)る 실리다 | 英語(えいご) 영어 | 違(ちが)い 차이 | 数学(すうがく) 수학 | 解(かい) 해답 | 人生(じんせい) 인생 | 問題(もんだい) 문제 | 国語(こくご) 국어 | 絵文字(えもじ) 그림 문자, 이모티콘 | 感情(かんじょう) 감정 | 伝(つた)える 전달하다 | 方(かた) 방법, 방식

교과서로 진도 나갈 때는 그렇게 잠이 쏟아지는데, 선생님의 '딴 얘기'에는 어찌나 눈이 반짝이던지. 분명 저만의 추억은 아니겠지요? 교과서를 벗어난 그 순간들이 진짜 삶을 가르쳐 준 수업이었는지도 모릅니다. 인생의 중요한 가치를 만나는 건 정해진 궤도 위에서만 가능한 게 아니라는 사실은 어른이 되어서도 마찬가지더군요.
여기서 「~による」는 '~을 통해, ~에 의한'이라는 뜻으로 수단이나 방법을 격식 있게 나타낼 때 사용됩니다. 같은 의미의 で보다 정돈된 인상을 주며, 광고 카피·기사 제목·보고서 등에서 자주 쓰이는 문어체 표현입니다.

3

失敗を恐れてはならない。
傷つくことから逃げない。
運命を変えるのも、<u>ありじゃないか?</u>

この世に生きる。
今を見つめる。
何かを果たす。

必要なのは、
自らの手で未来を創るその意志。

生きた証は、自分で刻んでいくしかない。

실패를 두려워해서는 안 된다.
상처받는 것으로부터 도망치지 마라.
운명을 바꾸는 것도 괜찮지 않을까?

이 세상을 살아라.
지금을 바라보라.
무언가를 이루어라.

필요한 것은
스스로의 손으로 미래를 창조하려는 그 의지다.

살아온 증거는 스스로 새겨 나갈 수밖에 없다.

– 리바이스 신문광고 (2011)

失敗(しっぱい) 실패 | 恐(おそ)れる 두려워하다 | 傷(きず)つく 상처를 입다, 다치다 | 逃(に)げる 도망치다 | 運命(うんめい) 운명 | 変(か)える 바꾸다 | この世(よ) 이 세상 | 生(い)きる 살다 | 今(いま) 지금 | 見(み)つめる 바라보다 | 果(は)たす 완수하다, 달성하다 | 必要(ひつよう)だ 필요하다 | 自(みずか)ら 스스로 | 手(て) 손 | 未来(みらい) 미래 | 創(つく)る 만들다 | 意志(いし) 의지 | 証(あかし) 증거 | 自分(じぶん) 자기, 자신 | 刻(きざ)む 새기다

청바지 브랜드 리바이스의 글로벌 캠페인 'Go Forth' 시리즈의 일본편 카피입니다. 기존의 틀에 안주하지 않고 새로움을 향해 나아가는 젊음을 응원하는 감각적인 광고로, 오리지널 영문 카피의 단순 번역을 넘은 명문입니다. 마지막 문장인 '살아온 증거는 스스로 새겨 나갈 수 밖에 없다'는 일본 특유의 감성이 담겨 원문과는 또 다른 감동을 줍니다.

여기서 「ありじゃないか?」는 직역하면 "있는 거 아니야?"라는 뜻이지만, 최근에는 "그렇게 해도 괜찮지 않을까?"라는 의미로 쓰입니다. 여기서는 "이런 선택도 멋지잖아? 재미있을 것 같은데…" 하고 부드럽게 제안하는 뉘앙스로 쓰였어요.

あなたに、
期待してください。

変化を起こそう。
昨日と同じはつまらないから。
みずから動こう。
まわりも世の中も動き出すから。
勇敢にいこう。
失敗すらも糧になるから。
自信をもとう。
いい顔になるから。
品よくいこう。
オシャレだから。
世界に挑もう。
チャンスが、人生が、広がるから。

당신에게

기대해 주세요.

변화를 일으키자.

어제와 똑같은 건 재미없으니까.

스스로 움직이자.

주변도 세상도 움직이기 시작할 테니까.

용감하게 가자.

실패조차도 자양분이 될 테니까.

자신감을 갖자.

좋은 표정이 될 테니까.

품위 있게 가자.

멋있으니까.

세상에 도전하자.

기회가, 인생이, 넓어지니까.

– 미쓰코시 이세탄 홀딩스 신문광고 (2016)

期待(きたい) 기대 | 変化(へんか) 변화 | 起(お)こす 일으키다 | 昨日(きのう) 어제 | 同(おな)じ 같음 | 自(みずか)ら 자기, 자신 | 動(うご)く 움직이다 | 周(まわ)り 주위, 주변 | 世(よ)の中(なか) 세상 | 動(うご)き出(だ)す 움직이기 시작하다 | 勇敢(ゆうかん)に 용감하게 | 行(い)く 가다 | 失敗(しっぱい) 실패 | すら ~조차 | 糧(かて) 양식, 자양분 | 自信(じしん) 자신감 | 持(も)つ 갖다 | 顔(かお) 얼굴, 표정 | 品(ひん) 품위 | おしゃれ 멋쟁이, 멋을 냄 | 世界(せかい) 세계 | 挑(いど)む 도전하다 | 人生(じんせい) 인생 | 広(ひろ)がる 넓어지다

일본의 두 대표 백화점이 합쳐진 지주회사 미쓰코시 이세탄 홀딩스가 2014년부터 전개한 'This is Japan' 시리즈 중 하나로, 일본의 전통과 세련됨을 현대의 감성으로 재해석해 제안한 캠페인입니다. 일본적인 것을 겉모습이나 형식적인 것이 아니라, 현대적인 생각과 가치관으로 바라보려는 노력이 돋보이죠. 라이프스타일을 넘어 삶의 방식까지 제안하는 카피가 인상적입니다.
반복적으로 등장하는 「~よう/~う」는 의지형으로, '~하자'는 뜻을 담고 있어 카피에 활력을 불어넣습니다.

そういえば、
最後にちゃんと映画を観たのはいつだろう。
120分間、ドキドキしたのはいつだろう。

誰もが、生き方を見つめなおす今。
大人こそ、もっと無駄な時間を愛していい。
それが、日々の豊かさにつながるから。

人生に、ムダな時間を。

그러고 보니,
마지막으로 제대로 영화를 본 게 언제였을까.
120분 동안 두근거렸던 게 언제였을까.

누구나, 삶의 방식을 되돌아보는 지금.
어른이야말로 좀 더 쓸데없는 시간을 사랑해도 좋다.
그것이 하루하루의 풍요로움으로 이어지니까.

인생에, 쓸데없는 시간을.

- U-Next 인쇄광고 (2021)

最後(さいご) 마지막 ｜ 映画(えいが) 영화 ｜ 観(み)る 보다 ｜ 誰(だれ)も 누구나, 모두가 ｜ 生(い)き方(かた) 삶(의 방식) ｜ 見(み)つめなおす 되돌아보다 ｜ 今(いま) 지금 ｜ 大人(おとな) 어른 ｜ 無駄(むだ) 쓸데없음 ｜ 時間(じかん) 시간 ｜ 愛(あい)する 사랑하다 ｜ 日々(ひび) 하루하루, 매일 ｜ 豊(ゆたか)さ 풍요로움 ｜ 繋(つな)がる 이어지다 ｜ 人生(じんせい) 인생

일본의 스트리밍 서비스 U-Next가 2021년 코로나 시대를 배경으로 선보인 광고입니다. "인생에, 쓸데없는 시간을"이라는 역설이 먼저 눈에 들어옵니다. '쓸데없음'의 쓸모. 효율과 생산성만을 추구하는 현대 사회에서 '쓸데없는 시간'의 가치를 재발견하자는 주장은 고개를 끄덕이게 만듭니다. '비생산적'으로 보이는 것이 오히려 삶을 풍요롭게 하는 것이 비단 영화 감상만은 아니겠죠.

이 광고에서는 '쓸데없음'을 의미하는 단어를 한자(無駄)와 가타카나(ムダ)로 바꿔가며 메시지의 톤을 섬세하게 조절하고 있습니다. 한자 無駄는 진지하고 성찰적인 분위기를 주며, 무의미한 시간을 철학적으로 다루는 인상을 줍니다. 반면 가타카나 ムダ는 시각적으로 강조되는 효과와 함께, 더 가볍고 유쾌한 느낌을 전달합니다.

照らす。
熱する。
伝える。
歌わせる。

電気は
その姿を動詞に変えて、
人々の今日をつくっている。

電気よ、動詞になれ。

밝혀라.
가열하라.
전하라.
노래하게 하라.

전기는
그 모습을 동사로 바꿔서
사람들의 오늘을 만들고 있다.

전기여, 동사가 되어라.

– 메이덴샤 웹무비 (2023)

照(て)らす 빛을 비추다ㅣ熱(ねっ)する 가열하다, 뜨겁게 하다ㅣ伝(つた)える 전하다ㅣ歌(うた)わせる 노래하게 하다ㅣ電気(でんき) 전기ㅣ姿(すがた) 모습ㅣ動詞(どうし) 동사ㅣ変(か)える 바꾸다ㅣ人々(ひとびと) 사람들ㅣ今日(きょう) 오늘ㅣ作(つく)る 만들다

전기 및 친환경 에너지 인프라를 구축하는 메이덴샤의 광고 카피입니다. 사업의 중심이 되는 전기를 단순한 대상으로 보는 것이 아니라, 인간의 삶을 밝히는 역동적인 가능성으로 묘사했습니다. 눈에 보이지 않는 전기를 동사(動詞)라는 개념으로 해석한 접근이 참신하죠. 세상을 동사로 바라보는 습관은 힘이 셉니다. 우리 삶의 요소들을 동사로 바라볼 수 있을 때 새로운 가능성이 열립니다.
여기서 なれ는 なる(되다)의 명령형으로, '되어라'라는 뜻입니다. 여기서는 전기라는 개념에 동사, 즉 행동력, 생동감의 역할을 부여하자는 상징적 표현입니다.

花には、水がいる。
サヨナラには、スマイルがいる。
露天風呂には、月がいる。
サッカーには、奇跡がいる。
アクセルには、ブレーキがいる。
悪いパパには、良いママがいる。
明日には、今日がいる。

人生には、ニュースがいる。

꽃에는 물이 필요하다.
작별 인사에는 미소가 필요하다.
노천탕에는 달이 필요하다.
축구에는 기적이 필요하다.
가속페달에는 브레이크가 필요하다.
나쁜 아빠에게는 좋은 엄마가 필요하다.
내일에는 오늘이 필요하다.

인생에는 뉴스가 필요하다.

– 아사히신문 신문광고 (1998)

花(はな) 꽃 | 水(みず) 물 | 要(い)る 필요하다 | 露天風呂(ろてんぶろ) 노천탕 | 月(つき) 달 | 奇跡(きせき) 기적 | 悪(わる)い 나쁘다 | 良(い)い 좋다 | 明日(あした) 내일 | 今日(きょう) 오늘 | 人生(じんせい) 인생

여기서 いる는 존재를 나타내는 居る(있다)가 아니라, 무언가가 필요함을 나타내는 要る(필요하다)입니다. 인생에는 뉴스가 필요하다는 마지막 문장을 향해, 일상의 장면들이 하나씩 쌓여갑니다. 꽃과 물, 이별과 미소, 축구와 기적. 평범한 조합처럼 보이지만, 그 속에는 오랜 시간 사람들이 경험하고 깨달은 것들이 담겨 있습니다. 인생을 완전하게 만들어주는 보완 요소들 말이죠. 이 카피를 통해 아사히신문은 정보 전달을 넘어 삶에 중요한 것을 곁에서 알려주는 필수 불가결한 존재로서 당당한 자기규정을 합니다. 이 광고가 나온 1990년대에는 분명 신문의 역할이 그러했습니다. 그러나 세상은 점점 변하고, 신문의 역할을 바라보는 시선도 많이 변하고 있죠.

君を、楽しめ。

人生を全力で楽しむ。
体中からそのメッセージを放つ、
楽しむためにはパワーがいる。
新しい地へ踏み出す勇気がいる。

だけど、自らが夢中になれるその先でこそ、
君の才能は炸裂するはずだ。

飛び込もう、未知へ。

너를, 즐겨라.

인생을 온 힘을 다해 즐겨라.
온몸으로 그 메시지를 발산하고,
즐기기 위해서는 힘이 필요하다.
새로운 땅으로 발을 내딛을 용기가 필요하다.

하지만 스스로 몰두할 수 있는 그곳에서야말로
너의 재능은 작렬할 것이다.

뛰어들자, 미지의 세계로.

– Parco 신문광고 (2014)

君(きみ) 너, 당신 | 楽(たの)しむ 즐기다 | 人生(じんせい) 인생 | 全力(ぜんりょく) 전력, 온 힘 | 体中(からだじゅう) 온몸 | 放(はな)つ 발산하다 | 要(い)る 필요하다 | 新(あたら)しい 새롭다 | 地(ち) 땅, 장소 | 踏(ふ)み出(だ)す 내딛다 | 勇気(ゆうき) 용기 | 自(みずか)ら 자기, 자신 | 夢中(むちゅう) 몰두함 | ~先(さき) ~하는 곳 | 才能(さいのう) 재능 | 炸裂(さくれつ) 작렬, 폭발 | 飛(と)び込(こ)む 뛰어들다 | 未知(みち) 미지(의 세계)

패션 쇼핑몰 Parco의 광고 카피로 인생을 즐기는 태도에 대한 강렬한 메시지를 담고 있습니다. 세계적 DJ 스티브 아오키를 모델로 기용한 이 광고는 "너를, 즐겨라"라는 간결한 슬로건으로 자기 자신에게 집중하고 자신의 가능성을 즐기라고 말합니다. 진정한 즐거움을 찾기 위해서 때로는 힘과 용기가 필요하다는 메시지가 인상적입니다.

楽(たの)しめ는 동사 楽(たの)しむ의 명령형인데요. 명령형은 명령의 용법은 물론 응원의 말로써 사용하기도 합니다. 이 광고에서는 딱딱한 지시라기보다, 강한 응원의 말투로 쓰인 것이라 볼 수 있겠습니다.

小さな欲望を、たいせつに。

誰かに5ミリ、嫉妬されたい。
2、3の件を、認められたい。

欲望は、
言葉に支えられている。
なりたいを、
言葉にしよう 目覚めよう。

欲望がなければ、
努力もないのだし。

작은 욕망을, 소중하게.

누군가에게 5mm라도 질투받고 싶다.
두세 건이라도 인정받고 싶다.

욕망은
말에 의해 지탱되고 있다.
되고 싶은 것을
말로 표현하자 깨어나자.

욕망이 없다면
노력도 없는 것이니.

- earth music & ecology 포스터 (2013)

小(ちい)さな 작은 | 欲望(よくぼう) 욕망 | 大切(たいせつ) 중요함, 소중함 | 誰(だれ) 누구 | 嫉妬(しっと) 질투 | 件(けん) 건 | 認(みと)める 인정하다 | 言葉(ことば) 말 | 支(ささ)える 지탱하다 | 目覚(めざ)める 눈뜨다, 잠을 깨다, 각성하다 | 努力(どりょく) 노력

감성적인 카피로 유명한 패션 브랜드 'earth music & ecology'의 이 광고는 '욕망'을 주시합니다. '5mm'나 '두세 건' 같이 전형적인 카피 흐름에 어울리지 않을 법한 표현이 더해져 눈길을 잡으면서도 자극적이지 않게 인간의 본능이 가진 긍정성을 이야기합니다. 큰 목표나 거창한 꿈이 아니더라도, 작고 소박한 바람조차 삶을 움직이는 원동력이 된다는 메시지는 담백하지만 설득력이 있네요.

目覚める는 「目(눈) + 覚める(깨다)」로 이루어진 동사로 '잠에서 깨어나다'는 뜻인데, 감정적·정신적으로 깨어난다는 은유적 표현으로도 사용됩니다.

人は誰でも、
心の中に自分だけの火を持っている。

絶望の暗闇に立った時、
その火は、自分を温め、
進むべき道を照らしてくれる。

心に火を。

사람은 누구나
마음속에 자신만의 불을 가지고 있다.

절망의 어둠 속에 서 있을 때
그 불은 나를 따뜻하게 해주고
내가 가야 할 길을 밝혀준다.

마음에 불을.

- 기린 파이어 포스터 (2012)

人(ひと) 사람 | 誰(だれ) 누구 | 心(こころ)の中(なか) 마음속 | 自分(じぶん) 자기, 자신 | 火(ひ) 불 | 持(も)つ 가지다 | 絶望(ぜつぼう) 절망 | 暗闇(くらやみ) 어둠 | 立(た)つ 서다 | 時(とき) 때 | 温(あたた)める 데우다 | 進(すす)む 나아가다 | 道(みち) 길 | 照(て)らす 비추다

'파이어'는 일본의 식음료 기업 기린이 출시한 캔 커피 브랜드입니다. '파이어(Fire)'라는 브랜드명은 직화, 즉 커피 원두를 직접 불로 볶아서 만든 제품의 특징을 담고 있습니다. 그래서 파이어의 광고에는 늘 가슴에 작은 불이 붙는 직장인의 모습이 등장합니다. 이 카피도 직화 로스팅 커피라는 콘셉트에 충실합니다. '마음속에 불'이라는 말로 제품의 주 타깃층인 직장인들의 마음을 위로하고 격려하고 있죠. 어떻습니까? 당신도 마음속의 불이 느껴지시나요? 마지막 문장 「心に火を。」(마음에 불을.)는 동사를 생략한 표현으로, 짧지만 강한 인상을 남깁니다. 일본 광고에서는 이렇게 일부러 문장을 비워두어, 독자가 의미를 스스로 완성하게 하는 방식이 자주 쓰입니다. 이런 생략은 여백의 미를 살리며, 한 문장에 다양한 해석과 감정을 담을 수 있게 해줍니다.

人生は選択の連続だ。
些細なことから、
一生を左右するような
大きなことまで。

自分で選んできたものの積み重ねで
わたしの心はできている。
わたしのからだはできている。
わたしは、わたしらしくいられる。

選んできたものが、わたし。

인생은 선택의 연속이다.
사소한 일부터
평생을 좌우할 만한
큰일까지.

스스로 선택해 온 것들이 쌓여
나의 마음은 이루어져 있다.
나의 몸은 이루어져 있다.
나는 나답게 있을 수 있다.

내가 선택해 온 것이 나다.

- 하루타 포스터 (2015)

人生(じんせい) 인생 l 選択(せんたく) 선택 l 連続(れんぞく) 연속 l 些細(ささい)だ 사소하다 l 一生(いっしょう) 평생 l 左右(さゆう)する 좌우하다 l 大(おお)きい 큰 l 自分(じぶん) 자기, 자신 l 選(えら)ぶ 고르다, 선택하다 l 来(く)る 오다 l 積(つ)み重(かさ)ね 축적, 쌓음 l 私(わたし) 나 l ~らしい ~답다 l 心(こころ) 마음 l 体(からだ) 몸

100년이 넘는 역사를 자랑하는 슈즈 브랜드 하루타의 카피입니다. 지금의 나는 '선택의 축적'이라는 색다른 시선을 제시합니다. 사소한 결정부터 인생을 바꾸는 중대한 선택까지, 자신이 걸어온 길이 곧 자신을 만든다는 메시지는 패션의 영역을 넘어 삶의 태도까지 확장됩니다. 소비 행위마저도 자기 정체성을 만드는 선택으로 해석한 철학적인 카피가 돋보입니다.

일본어의 「～ている」형은 보통 '~하고 있다'처럼 지금 하고 있는 동작을 나타냅니다. 그런데 이 표현은 꼭 지금 하고 있는 일만 말하는 게 아니라, 어떤 일이 끝난 뒤 그 상태가 계속될 때도 쓰죠. 이 카피에 나오는 できている(이루어져 있다)도 그런 표현입니다. 내가 해 온 선택들이 쌓여서 지금의 내가 만들어졌고, 그 상태가 지금도 계속되고 있다는 뜻입니다.

いちいち泣いていられないから、
いちいち忘れる。

おとなは、ながい。

似てるところを探して、
似てないところを好きになる。

おとなは、ながい。

自由は、ひとりになることじゃなくて
誰といても自分でいられること。
だったりして。

おとなは、ながい。

일일이 울고 있을 수 없으니까
일일이 잊어버린다.

어른은 길다.

닮은 점을 찾았는데
닮지 않은 점을 좋아하게 된다.

어른은 길다.

자유는 혼자가 되는 것이 아니라
누구와 함께 있어도 자기 자신으로 있을 수 있는 것.
일지도 모른다.

어른은 길다.

- 오츠카 이온워터 (2020)

泣(なく) 울다 l 忘(わす)れる 잊다 l 大人(おとな) 어른 l 長(なが)い 길다 l 似(に)る 닮다 l 所(ところ) 곳, 부분 l 探(さが)す 찾다 l 好(す)きだ 좋아하다 l 自由(じゆう) 자유 l 一人(ひとり) 혼자, 한 명 l 誰(だれ) 누구 l 自分(じぶん) 자기, 자신

이온워터가 2018년부터 전개해온 「おとなは、ながい。」(어른은 길다.) 캠페인 포스터 카피 중 인상적인 몇 가지를 모아봤습니다. 이 카피들은 청춘이 끝난 뒤 '어른'으로서 계속 살아가야 하는 긴 시간을 응원하는 메시지를 담고 있습니다. 어른이 되면 자유로워지면서 많은 문제가 해결될 것 같지만, 정작 어른이 되어 생기는 문제는 더 크고 무거워지는 걸 느끼게 되죠. 하지만 그건 누구나 겪는 자연스러운 과정일 뿐입니다. 신입 어른 여러분 힘내세요!

時間が流れる。
景色が流れる。
見たことのない景色も。
なつかしい景色も。

人が見たいと思うところへ、どこへでも。
旅はつづく。<u>物語</u>はつづく。

どこまでも、どこまでも。

시간이 흐른다.
풍경이 흐른다.
본 적 없는 풍경도.
그리운 풍경도.

사람들이 보고 싶어하는 곳으로, 어디든지.
여행은 계속된다. 이야기는 계속된다.

어디까지나, 어디까지나.

– 넷플릭스 포스터 (2023)

時間(じかん) 시간 | 流(なが)れる 흐르다 | 景色(けしき) 풍경 | 見(み)る 보다 | 懐(なつ)かしい 그립다 | 人(ひと) 사람 | 思(おも)う 생각하다 | 旅(たび) 여행 | 続(つづ)く 계속되다 | 物語(ものがたり) 이야기

세상을 바라보는 많은 관점이 존재합니다. 세계적인 OTT 기업인 넷플릭스는 이 세계를 스토리텔링이라는 틀로 바라보고 있군요. 우리가 즐겨 보는 영화나 드라마 같은 콘텐츠 안에서 시간도, 풍경도 흐릅니다. 그것이 여행이 되고 이야기가 되어 우리의 마음을 사로잡습니다. 쉬운 단어들을 엮어 비유적으로 접근한 카피가 단순하지만 감각적으로 다가옵니다.

여기서 物語(ものがたり)는 '이야기'라는 뜻으로 삶의 흐름, 개인의 여정을 상징적으로 나타낼 때도 자주 씁니다.

14

ひとは、忘れる。

ひとは、
忘れ<u>なければ</u>生きていけ<u>ない</u>。
けれど、
忘れたくないことがなければ、
生きている楽しみは<u>ない</u>。
あなたには、
忘れたくないことがいくつありますか。

사람은 잊는다.

사람은

잊지 않으면 살아갈 수 없다.

하지만

잊고 싶지 않은 일이 없다면

살아있는 즐거움은 없다.

당신에게는

잊고 싶지 않은 일이 몇 가지나 있습니까?

– 아지노모토 라디오광고 (2014)

人(ひと) 사람 | 忘(わす)れる 잊다 | 生(い)きる 살다 | 行(い)く 가다 | 楽(たの)しみ 즐거움, 낙 | いくつ 몇, 몇 개

이 카피는 건강기능식품 〈DHA&EPA〉 제품의 라디오 광고 중 일부입니다. 2분짜리 전체 버전의 라디오 광고에서는 일상에서 흔히 경험하는 건망증에 대한 공감 가는 사례들을 열거하며, 두뇌 건강과 기억력 유지에 도움이 되는 해당 제품에 대한 성능을 부각합니다. 잊는 것이 신이 사람에게 준 선물 중 하나라고 하는데요. 잊고 싶은 것만 싹 잊고, 소중한 기억만 오래 간직하게 해주는 약이나 건강 기능 식품은 없을까요?
이 카피는 이중 부정을 섬세하게 활용해, 삶의 아이러니를 표현하고 있습니다. 「～なければ～ない」(~지 않으면 ~없다)는 단순한 긍정보다는 감정의 깊이, 여운, 역설을 담을 수 있습니다.

人生、傷つくときもある。
人生、泣きたいときもある。
そんなときは、ま、さっさと忘れて、
スキップしよう。

誰が何て言おうと、人生は素晴らしい。
みんなで言おう。この世は、悪くない。

愛を語ろう。手をつなごう。
焦らず、
笑って、前向いて。

<u>人生は、夢だらけ</u>。

인생, 상처받을 때도 있다.
인생, 울고 싶을 때도 있다.
그럴 땐, 뭐, 얼른 잊어버리고
스킵하자.

누가 뭐라고 하든, 인생은 멋지다.
모두 함께 말하자. 이 세상은 나쁘지 않다.

사랑을 이야기하자. 손을 잡자.
조급해하지 말고,
웃으면서, 긍정적으로.

인생은 꿈투성이

- 간포생명 인쇄광고 (2014)

人生(じんせい) 인생 | 傷(きず)つく 상처받다 | 時(とき) 때 | 泣(な)く 울다 | さっさと 얼른, 서둘러 | 忘(わす)れる 잊다 | スキップする 건너뛰다(skip) | 誰(だれ) 누구 | 何(なん)て 뭐라고 (하는) | 言(い)う 말하다 | 素晴(すば)らしい 훌륭하다, 멋지다 | この世(よ) 이 세상 | 悪(わる)い 나쁘다 | 愛(あい) 사랑 | 語(かた)る 이야기하다 | 手(て)を繋(つな)ぐ 손을 잡다 | 焦(あせ)る 조급해하다 | 笑(わら)う 웃다 | 前(まえ)を向(む)く 앞을 향하다, 긍정적인 태도를 취하다 | 夢(ゆめ) 꿈

일본 우정그룹(우체국)의 금융권 자회사 칸포생명의 광고 카피는 인생의 고난과 역경을 받아들이면서 빠르게 넘어서자고 메시지를 던집니다. 어차피 인생은 꿈으로 가득한 것이라고요. 보험회사라고 해서 꼭 세상을 위험과 불안이 가득해 미래를 대비해야 하는 곳으로 바라볼 필요는 없겠지요. 고객이 인생을 긍정적으로 꾸려가는 데 힘이 되는 동반자가 되려고 하는 것이니까요. 메인 카피 人生は、夢だらけ(인생은 꿈투성이)는 TV 광고의 메인 카피로도 쓰였고, CM송이 같은 제목의 음원으로 출시되어 많은 사랑을 받았습니다.

「〜だらけ」는 보통 부정적 상황에서 '~투성이'란 의미로 쓰이지만, 이 카피의 「夢だらけ」(꿈투성이)는 예외적으로 긍정적인 의미를 담아 사용되었습니다. 즉, '인생은 온통 꿈으로 가득하다'라는 유쾌하고 힘 있는 표현입니다.

強いときの自分より 弱いときの自分のほうが ほんとの自分なのかもしれない	강할 때의 나보다 약할 때의 내가 진짜 나일지도 모른다
嘘をつく自分より 正直な自分のほうが 人を傷つけたりする	거짓말을 하는 나보다 솔직한 내가 다른 사람을 상처 입히기도 한다
きょうの自分は、今だけの自分。 あしたの自分は、また、きっとちがう。 自分をこわす。自分をつくる。	오늘의 나는 지금뿐인 나. 내일의 나는 또 분명 다를 것이다. 나를 부수고, 나를 만들 것이다.
だれかと出会って、また、自分が生まれる。	누군가와 만나, 또 다른 내가 태어난다.
答えは、ひとつじゃない。	답은 하나가 아니다.

– 리쿠르트 신문광고 (2006)

強(つよ)い 강하다 | 時(とき) 때 | 自分(じぶん) 자기, 자신 | 弱(よわ)い 약하다 | 本当(ほんとう) 진짜 | 嘘(うそ)を付(つ)く 거짓말을 하다 | 正直(しょうじき)だ 솔직하다, 정직하다 | 人(ひと) 사람 | 傷(きず)つける 상처를 입히다 | 今日(きょう) 오늘 | 今(いま) 지금 | 明日(あした) 내일 | 違(ちが)う 다르다 | 壊(こわ)す 부수다 | 作(つく)る 만들다 | 誰(だれ)か 누군가 | 出会(であ)う 만나다 | 生(う)まれる 태어나다 | 答(こた)え 대답, 해답

취업정보 회사 리쿠르트가 고등학교를 졸업하는 학생들을 응원하며 선보인 광고의 카피입니다. 지금 드러나 보이는 내 모습이 나의 전부가 아니라고 말합니다. 내 안에 담긴 다양한 나의 모습 안에 발전과 성장의 가능성이 있다는 것이죠. 그건 이제 막 스무 살이 되는 사회 초년생에게 해당하는 것은 아닐 겁니다. 당신의 안에도 또 다른 당신이 있을 겁니다. 답은 하나가 아니듯.

여기서 出会う(만나다)는 단순한 접촉이 아니라, 운명적 또는 결정적인 만남을 표현할 때 자주 쓰입니다.

人と人が出会う。
とてもシンプルなことだけど
そこから人生の全てが始まっている。

出会いの数だけ乾杯はある。

丸くなるな、
★星になれ。

人生に乾杯。

사람과 사람이 만난다.

아주 단순한 일이지만

거기서부터 인생의 모든 것이 시작되고 있다.

만남의 수만큼 건배가 있다.

둥글어지지 마라,

별이 되어라.

인생에 건배.

- 삿포로맥주 TV광고 (2010)

人(ひと) 사람 | 出会(であ)う 만나다 | 人生(じんせい) 인생 | 全(すべ)て 전부 | 始(はじ)まる 시작되다 | 出会(であ)い 만남 | 数(かず) 수 | 乾杯(かんぱい) 건배 | 丸(まる)い 둥글다 | 星(ほし) 별

엘리베이터를 타고 시대의 다양한 어른을 만난다는 독특한 콘셉트의 캠페인을 전개해온 삿포로맥주 카피입니다. 이 시리즈에는 배우, 가수, 음악가, 영화인 등 한 시대를 대표하는 어른들이 등장하여 인생과 술, 그리고 만남에 대한 철학적 문답을 주고받습니다. 자신만의 뚜렷한 가치관과 독보적 실력으로 정상에 선 사람들의 이야기가 녹아 있기에, 만남을 소중히 하며 자신의 한계를 뛰어넘으라는 메시지가 진정성 있게 느껴집니다.

「出会いの数だけ乾杯はある。」(만남의 수만큼 건배가 있다.)는 인간관계를 '건배'로 표현했네요. 이 문장에서 「~だけ~はある」(~만큼 ~가 있다) 구조는 수량과 감정을 동시에 강조할 때 자주 쓰는 표현입니다. 건배라는 단어를 통해 일상적인 만남에 감정적 온기를 부여하면서, 만남이란 단순한 사건이 아니라 소중한 경험이라는 걸 강조하고 있습니다.

すべての人生が、すばらしい。　　　　　　　　　　**모든 인생이 훌륭하다.**

世界は広い。　　　　　　　　　　　　　　　　　　세상은 넓다.

道はいくつだってあるはずだ。　　　　　　　　　길은 얼마든지 있을 것이다.

どこを走ってもいいはずだ。　　　　　　　　　　어디를 달려도 괜찮을 것이다.

きみがまだ出会っていない　　　　　　　　　　　네가 아직 만나지 못한

世界はとてつもなく広い。　　　　　　　　　　　세상은 엄청나게 넓다.

人生のゴールは1つじゃない。　　　　　　　　　　인생의 결승점은 하나가 아니다.

人生のコースは1つじゃない。　　　　　　　　　　인생의 코스는 하나가 아니다.

それは人間の数だけある。　　　　　　　　　　　그것은 인간의 수만큼 있다.

きみだけの人生を走れ。　　　　　　　　　　　　너만의 인생을 달려라.

　　　　　　　　　　　　　　　　　　　　　　　– 리쿠르트 인쇄광고 (2014)

全(すべ)て 모두 | 人生(じんせい) 인생 | 素晴(すば)らしい 훌륭하다, 멋지다 | 世界(せかい) 세계 | 広(ひろ)い 넓다 | 道(みち) 길 | 走(はし)る 달리다 | 君(きみ) 너, 당신 | 出会(であ)う 만나다 | 1(ひと)つ 하나, 한 개 | 人間(にんげん) 인간 | 数(かず) 수 | 自分(じぶん) 자신

'인생은 마라톤이 아니다'라는 카피로 유명했던 TV 광고의 인쇄 버전 카피의 일부입니다. 세상이 정해놓은 한 가지 방향으로 경쟁하지 말고, 자신이 좋아하는 것을 찾아 자신만의 길로 달리면 모두가 승자라는 관점을 제시하고 있습니다. 구직 정보를 제공하는 회사의 광고지만, 회사를 선택하는 것뿐 아니라 우리들 인생에 주어진 수많은 선택지에 옳고 그름이 있는 게 아니라, 저마다의 가치가 있다는 격려가 큰 힘이 됩니다. 옆을 보며 비교하지만 않으면, 우리는 충분히 즐겁고 행복할 수 있습니다.

여기서 とてつもなく는 '말도 안 되게, 터무니없게'라는 뜻으로, 정도가 매우 클 때 씁니다. 이 문장에서는 아직 당신이 만나지 못한 세계가 엄청나게 넓다는 의미죠. 세상에는 가능성이 무한하다는 걸 강조한 표현입니다.

サクラが、こうして見事に咲くまでには、
かならず、長い冬を越さなくてはなりません。

そんな運命が
この国の花たちをますます
美しくしているんじゃないだろうか。

そう思うと、
こころから拍手をおくりたくなります。

そうだ 京都、行こう。

벚꽃이 이렇게 멋지게 피어나기까지는
반드시 긴 겨울을 넘기지 않으면 안됩니다.

그런 운명이
이 나라의 꽃들을 더욱더
아름답게 만들고 있는 게 아닐까요?

그렇게 생각하면
진심으로 박수를 보내고 싶어집니다.

그래 교토에 가자.

- JR도카이 TV광고(2009)

桜(さくら) 벚꽃 | 見事(みごと)に 멋지게 | 咲(さ)く 피다 | 必(かなら)ず 반드시 | 長(なが)い 길다 | 冬(ふゆ) 겨울 | 越(こ)す 넘다 | 運命(うんめい) 운명 | 国(くに) 나라 | 花(はな) 꽃 | ますます 더욱더 | 美(うつく)しい 아름답다 | 思(おも)う 생각하다 | 心(こころ) 마음 | 拍手(はくしゅ) 박수 | 送(おく)る 보내다 | 京都(きょうと) 교토 | 行(い)く 가다

「そうだ 京都、行こう。」(그래 교토에 가자.)는 30년이 넘게 진행된 일본의 대표적인 관광 캠페인입니다. 단순히 여행을 권유하는 문구가 아니라, 교토에 가야 할 이유를 만들어주는 문학적 카피로 유명하죠. 긴 겨울을 삶에 비유하며, 그 인내가 만들어내는 아름다움을 교토의 풍경에 겹쳐 전합니다. 자연과 인생에 대한 경외심 묻어나는 섬세한 문장이 카피 이상의 깊이를 더해주네요.

「〜んじゃないだろうか」(〜는 게 아닐까?)는 「〜のではないだろうか」의 회화체로, 말하는 이의 감정을 살짝 감춘 일본어 특유의 부드러운 추측 표현입니다. 직접적으로 단정하지 않지만, 그만큼 감정에 설득력이 실리는 표현이죠.

20

僕のことをわかったふうに言うな。

僕らは僕ら以外にはなれないが、
僕らは僕ら以上になっていく。

今日の迷い、今日の選択、今日の感動。
くりかえし、くりかえし、
僕らは新しくかたち作られる。
そしてなんどでも、なんどでも、
作り変えられる。
それが僕らのLifeというもの。

나에 대해 아는 것처럼 말하지 마라.

우리는 우리 말고는 될 수 없지만,
우리는 우리 이상이 되어간다.

오늘의 고민, 오늘의 선택, 오늘의 감동.
반복하고, 반복하여.
우리는 새롭게 만들어진다.
그리고 몇 번이고, 몇 번이고,
다시 만들 수 있다.
그것이 우리의 Life라는 것.

라이프카드 옥외광고 (2023)

僕(ぼく) 나(주로 남성이 씀) ㅣ 僕(ぼく)ら 우리(주로 남성이 씀) ㅣ 分(わ)かる 알다, 이해하다 ㅣ 言(い)う 말하다 ㅣ 以外(いがい) 이외 ㅣ 以上(いじょう) 이상 ㅣ 今日(きょう) 오늘 ㅣ 迷(まよ)い 망설임, 고민 ㅣ 選択(せんたく) 선택 ㅣ 感動(かんどう) 감동 ㅣ 繰(く)り返(かえ)す 되풀이하다, 반복하다 ㅣ 新(あたら)しい 새롭다 ㅣ 形作(かたちづく)る 만들다, 형성하다 ㅣ 作(つく)り変(か)える 다시 만들다

라이프카드가 16년 만에 젊은 세대를 대상으로 진행한 '우리들 이상의 우리들' 캠페인의 카피입니다. 끊임없이 자신의 가능성을 확장해 나가는 젊은 세대와 함께하며, 그들의 삶에 가장 가까운 존재가 되고자 한다는 브랜드의 의지를 담았습니다. 현재를 살아가는 젊은이들의 솔직한 감정과 고민을 반영한 헤드라인이 눈길을 끄는데요. 나에 대해 아는 것처럼 말하는 것이나 조언하는 것이 듣기 싫은 건 나이를 더 먹어도 마찬가지입니다. 하하!
「~ふうに」는 보통 '~식으로, ~처럼'이라는 의미로 쓰이지만, 이 카피처럼 分かる나 知る와 함께 쓰면 모르는 것을 마치 알고 있는 것처럼 꾸미고 행동한다는 부정적인 의미가 됩니다.

21

私を証明するものが、
一番私じゃなかった。

毎日会社で使うIDカード。
そこに写る私は本当の私?

髪、服、メイク。
選んでいたのは、
自分らしさより社会人らしさ。

私は何に怯えているのだろう。
何を隠したいのだろう。

나를 증명하는 것이
가장 나답지 않았다.

매일 회사에서 사용하는 신분증.
거기에 찍힌 나는 진짜 나일까?

머리, 옷, 화장.
내가 선택한 것은
나다움보다 사회인다움이었다.

나는 무엇에 겁을 먹고 있는 걸까.
무엇을 숨기고 싶은 걸까.

- 유니레버 LUX 신문광고 (2023)

私(わたし) 나 | 証明(しょうめい) 증명 | 一番(いちばん) 가장, 제일 | 毎日(まいにち) 매일 | 会社(かいしゃ) 회사 | 使(つか)う 사용하다 | 写(うつ)る 사진에 찍히다 | 本当(ほんとう) 진짜 | 髪(かみ) 머리카락, 머리 모양 | 服(ふく) 옷 | 選(えら)ぶ 선택하다 | 自分(じぶん) 자기, 자신 | 社会人(しゃかいじん) 사회인 | ~らしい ~답다 | 何(なに・なん) 무엇 | 怯(おび)える 겁먹다 | 隠(かく)す 숨기다

오래전부터 유니레버의 뷰티 브랜드들은 외적인 아름다움을 넘어, 다양한 미적 기준을 포용하고 내면의 자신감을 응원하는 광고를 발표해왔습니다. 비누, 샴푸 등 뷰티케어 제품인 LUX의 카피 역시 생각의 결을 같이하고 있죠. 사회의 기준에 맞추어 살아가는 동안 잃어버린 '나다움'에 대해 질문을 던집니다. 매일 들고 다니는 신분증 속에 박제된 자신의 모습을 소재로, 외적인 포장보다 내면의 본질에 충실하는 것이 진정한 아름다움이라고 힘주어 얘기합니다.

「~*だろう*」(~일 것이다)는 본래 추측을 나타내는 표현이지만, 문맥에 따라 의문 어조를 담기도 합니다. 특히 독백에서 많이 쓰이는데, 내면의 복잡한 감정과 생각을 단정하지 않고 조심스럽게 표현할 수 있기 때문입니다. 그래서 독백, 에세이, 광고, 내레이션 등 감정을 풀어놓는 글에 자주 등장합니다.

正解は、ない。「私」があるだけ。

誰にも似ていない人生は、大変だ。
「こうあるべき」から逸脱した瞬間に、
ナイフのような鋭さで、
言葉が、視線が、一斉に攻めてくる。

でも、それに屈していたら、
新しいものは、生まれにくくなる。
正解が一つしかない世の中は退屈だ。

정답은 없어. '내'가 있을 뿐.

누구와도 닮지 않은 인생은 힘들다.
'이래야 한다'에서 벗어나는 순간,
칼 같은 날카로움으로
말이, 시선이 일제히 공격해 온다.

그래도, 거기에 굴복하면
새로운 것은 태어나기 어려워진다.
정답이 하나밖에 없는 세상은 지루하다.

― 소고 세이부 백화점 신문광고 (2018)

正解(せいかい) 정답 | 私(わたし) 나 | 誰(だれ) 누구 | 似(に)る 닮다 | 人生(じんせい) 인생 | 大変(たいへん)だ 힘들다 | 逸脱(いつだつ)する 일탈하다, 벗어나다 | 瞬間(しゅんかん) 순간 | 鋭(するど)い 날카롭다, 예리하다 | 言葉(ことば) 말 | 視線(しせん) 시선 | 一斉(いっせい)に 일제히 | 攻(せ)める 공격하다, 몰아붙이다 | 屈(くっ)する 굴복하다, 굽히다 | 新(あたら)しい 새롭다 | 生(う)まれる 태어나다, 생기다 | 世(よ)の中(なか) 세상 | 退屈(たいくつ)だ 지루하다, 심심하다

소고·세이부 백화점은 2017년부터 「わたしは、私」(나는 나) 캠페인을 전개했습니다. 남의 시선이나 사회적 틀에서 벗어나 자신답게 살아가자는 메시지가 일반적인 백화점의 카피보다 묵직한 깊이를 전해줍니다. 참고로 이 광고의 모델은 기무라 타쿠야입니다. 아이돌을 넘어 트렌드에 휩쓸리지 않고, 본인의 스타일을 잘 간직하고 있는 배우로 확고하게 자리 잡은 그의 이미지와 카피가 잘 어울리는 것 같네요.

「～だけ」는 '～뿐'이라는 뜻이고 「～べき」는 '～해야 한다'라는 의미입니다. 이 카피에서는 あるだけ(있을 뿐), こうあるべき(이래야 한다)라는 표현으로 사용되었습니다. 같은 동사 ある를 바탕으로, 대립 구조를 만들어내네요. 여기서 こうあるべき는 사회나 타인이 정한 '정답' 같은 삶의 방식을 강요하거나, 내면화된 고정관념을 암시하기도 합니다.

2種類の人間がいる。

やりたいこと
やっちゃう人と、やらない人。

おかげでこの人生、
痛い目にもあってきた。
さんざん恥もかいてきた。
誰かの言うこと素直に聞いてりゃ
今よりずっと楽だったかもしれない。

でもね、これだけは言える。
やりたいことやっちゃう人生のほうが、
間違いなく面白い。

あんたは、どうする?

두 종류의 인간이 있어.

하고 싶은 일을
하는 사람과 하지 않는 사람.

덕분에 이 인생,
수없이 데이고,
망신도 많이 당했지.
남들 말을 순순히 들었더라면
지금보다 훨씬 편했을지도 몰라.

그래도 이것만은 말할 수 있어.
하고 싶은 일을 해버리는 인생이
확실히 더 재미있어.

넌, 어떻게 할래?

— 닛산 자동차 TV광고 (2016)

種類(しゅるい) 종류 | 人間(にんげん) 인간 | 人(ひと) 사람 | 人生(じんせい) 인생 | 痛(いた)い目(め)に合(あ)う 호되게 당하다, 아주 나쁜 경험을 하다 | 散散(さんざん) 몹시 심한 모양, 호되게 | 恥(はじ)をかく 창피를 당하다 | 誰(だれ) 누구 | 言(い)う 말하다 | 素直(すなお) 고분고분함, 솔직함 | 楽(らく) 편함, 쉬움 | 間違(まちが)いなく 틀림없이, 확실히 | 面白(おもしろ)い 재미있다 | あんた 당신(あなた의 격식 없는 회화체)

세상에 공짜는 없습니다. 도전에는 대가가 따릅니다. 도전하면서 얻는 보람과 성취는 누군가 보장해주는 것이 아닙니다. 좌절과 고통, 부끄러움이 결과로 주어질지도 모르는 일이지요. 그럼에도 세상에는 그 도전에 가치를 부여하는 사람들이 있습니다. 그리고 그들이 세상을 바꿔가지요. '도전'을 주제로 많은 광고를 만들어온 닛산이 당신에게도 묻습니다. 당신은 어떤 종류의 사람입니까?

이 광고 카피는 짧고 강한 반말체로 쓰여졌는데요. 그중 聞いてりゃ는 聞いていれば의 회화체 축약형으로, '들었더라면'이라는 뜻입니다. 이처럼 「~ていれば」가 회화에서 「~てりゃ」로 줄어들면 격식 없는 회화체가 됩니다.

失敗しても、未来のあなたは許してくれる。 / 실패해도 미래의 너는 용서해 줄 거야.

「失敗なんか、するもんか」
いくらそう、心に決めても。
あなたはきっと間違える。
なんで自分はうまくやれないんだと、
悩み、落ち込む日がやってくる。

だけど、それでいいと思う。
ハタチはまだ、オトナ0才。
転んで、迷って、当たり前。

「あの失敗があって良かった」
そう思える日は、
不思議と必ずやってくる。

'실패 따위, 결코 하지 않을 거야'
아무리 그렇게 다짐해도.
너는 분명 실수할 거야.
왜 나는 잘하지 못하는 걸까,
고민하고 침울해지는 날이 올 거야.

하지만 그래도 괜찮다고 생각해.
스무살은 아직, 어른 0살.
넘어지고, 헤매는 게, 당연하지.

'그 실패가 있어서 다행이었어'
그렇게 생각되는 날은
신기하게도 반드시 찾아올 거야.

– 와코루 신문광고 (2021)

失敗(しっぱい) 실패 | 未来(みらい) 미래 | 許(ゆる)す 용서하다 | 心(こころ)に決(き)める 다짐하다 | 間違(まちが)える 실수하다 | 自分(じぶん) 자기, 자신 | 悩(なや)む 고민하다 | 落(お)ち込(こ)む 빠지다, 우울해지다 | 日(ひ) 날 | やってくる 찾아오다 | 思(おも)う 생각하다 | 二十歳(はたち) 20세, 스무 살 | 大人(おとな) 어른, 성인 | ~才(さい) ~살, ~세 | 転(ころ)ぶ 넘어지다 | 迷(まよ)う 헤매다 | 当(あ)たり前(まえ) 당연함 | 良(よ)い 좋다 | 不思議(ふしぎ)と 신기하게 | 必(かなら)ず 반드시

이너웨어 브랜드 와코루의 이 카피는 스무 살, 새로운 성인의 문턱에 선 이들에게 건네는 다정한 격려입니다. 실패를 두려워하지 말라는 평범한 메시지를 넘어서, 넘어지고 헤매는 것을 자연스럽게 받아들일 수 있게 해줍니다. 특히 「ハタチはまだ、オトナ0才。」(스무 살은 아직, 어른 0살.)라는 표현은, 실패해도 괜찮은 이유를 이해하게 해주죠. 성인의 날에 맞춰 실패조차 축복해주는 따뜻한 힘이 있습니다.

「~もんか」는 강한 부정 의지를 나타내는 말입니다. するもんか는 '할 것 같냐? 절대 안 해!'라는 뉘앙스입니다. 다소 거칠고 남성적인 말투이며, 일상 대화보다는 감정이 격한 애니메이션 장면이나 드라마 대사 등에서 자주 사용됩니다.

25

人には迷子になる時間が必要だ。

いつもの道を駅へ向かい、
いつもの電車に乗る。
いつものビルのドアを押し、
日暮れになればまた逆戻り。

そんな平凡な日々を愛してはいても、
時には小さなアクビをかみ殺すことがある。
決まりきったレールを離れて、
想いのままにさまよってみたい。

사람에게는 방황할 시간이 필요하다.

늘 가던 길을 따라 역으로 향하고,
늘 타는 기차를 탄다.
늘 가던 건물의 문을 밀고
해가 지면 다시 되돌아간다.

그런 평범한 나날을 사랑하고는 있지만,
때로는 작은 하품을 꾹 참을 때가 있다.
정해진 레일을 벗어나
마음이 이끄는 대로 헤매보고 싶다.

- 긴키닛폰철도 신문광고 (1983)

人(ひと) 사람 | 迷子(まいご) 미아, 길 잃은 아이 | 時間(じかん) 시간 | 必要(ひつよう) 필요함 | 道(みち) 길 | 駅(えき) 역 | 向(む)かう 향하다 | 電車(でんしゃ) 전철 | 乗(の)る 타다 | 押(お)す 밀다, 누르다 | 日暮(ひぐ)れ 저녁 때 | 逆戻(ぎゃくもど)り 되돌아감 | 平凡(へいぼん)な 평범한 | 日々(ひび) 나날, 일상 | 愛(あい)する 사랑하다 | 時(とき) 때 | 小(ちい)さな 작은 | あくび 하품 | 噛(か)み殺(ころ)す 억지로 참다 | 決(き)まり切(き)る 틀에 박히다 | 離(はな)れる 벗어나다 | 想(おも)い 마음, 생각 | 彷徨(さまよ)う 방황하다

매일 반복되는 하루, 쳇바퀴 돌듯 틀에 박힌 생활을 피할 수 없는 것이 현대 도시인들의 삶이죠. 낯선 곳을 헤매는 작은 일탈을 가끔씩 꿈꾸는 것은 분명 사람들의 숨통을 틔워줄 것입니다. 그런데 정해진 레일을 벗어나라고 유혹하는 것이 철도 회사인 것이 아이러니하네요. 결국, 그들이 다니는 레일 위로 모두 되돌아올 것을 알고 있기에 가능한 이야기는 아닐까요?

迷子になる는 '미아가 되다'는 뜻인데, 여기서는 길을 잃고 방황한다는 의미로 의역했습니다.

変化の時代じゃない時代なんてありました?

人生は変化の連続だ。
まず細胞が入れ替わる。
毎年必ず年齢が変わる。
生きてるってそういうこと。

人が集まってできている社会も、
変わるのはあたりまえ。

변화의 시대가 아닌 시대가 있었나요?

인생은 변화의 연속이다.
먼저 세포가 교체된다.
매년 반드시 나이가 바뀐다.
살아 있다는 것은 그런 것이다.

사람들이 모여서 이루어진 사회도
변하는 것은 당연하다.

– 야마구치 파이낸셜그룹 포스터 (2023)

変化(へんか) 변화 | 時代(じだい) 시대 | 人生(じんせい) 인생 | 連続(れんぞく) 연속 | 細胞(さいぼう) 세포 | 入(い)れ替(か)わる 교대하다, 교체하다 | 毎年(まいとし) 매년 | 必ず(かならず) 반드시 | 年齢(ねんれい) 연령, 나이 | 変(か)わる 변하다, 바뀌다 | 生(い)きる 살다 | 集(あつ)まる 모이다 | 社会(しゃかい) 사회

자고 일어나면 또 새로운 기술이 선보이는 시대입니다. 엄청난 변화의 흐름에 놀라고 때론 두려움마저 생기는데요. 생각해 보면 변화의 시대가 아닌 시대는 없었습니다. 사람들은 언제나 변화 속에서 살고, 새로운 변화에 대응하며 살아갔습니다. 이 광고의 TV 버전에는 800년 전의 고전 속 한마디를 인용하며 변화를 바라보는 관점을 제시합니다. 「ゆく河の流れは絶えずして、しかももとの水にあらず。」(흘러가는 강물의 흐름은 끊임이 없다. 그러나 그 물은 예전의 물이 아니다.)

時代は変わっていく。
生き方も常識も価値観も
どんどん変わっていく。

それでも人は、これからも、
きっと笑いあう。
きっとくだらない話をする。
弱音をはく。
きっと恋をする。

時代は変わっていく。
それでも人は、人と生きていく。
今日もまた笑って、語って。

人生には、飲食店がいる。

시대는 변해간다.
삶의 방식도 상식도 가치관도
점점 변해간다.

그래도 사람은 앞으로도
분명 함께 웃을 것이다.
분명 시시한 이야기를 할 것이다.
나약한 소리를 할 것이다.
분명 사랑을 할 것이다.

시대는 변해간다.
그래도 사람은 사람과 함께 살아간다.
오늘도 또 웃고, 이야기하며.

인생에는 음식점이 필요하다.

– 산토리 기업PR TV광고 (2022)

時代(じだい) 시대 | 変(か)わっていく 변해가다 | 生(い)き方(かた) 삶(의 방식) | 常識(じょうしき) 상식 | 価値観(かちかん) 가치관 | 人(ひと) 사람 | 笑(わら)い合(あ)う 함께 웃다 | くだらない 하찮다, 시시하다 | 話(はなし) 이야기 | 弱音(よわね) 약한 소리 | 吐(は)く 내뱉다 | 恋(こい) 사랑 | 生(い)きていく 살아가다 | 今日(きょう) 오늘 | 笑(わら)う 웃다 | 語(かた)る 이야기하다 | 人生(じんせい) 인생 | 飲食店(いんしょくてん) 음식점 | 要(い)る 필요하다

코로나 시국에 음식점들을 응원하기 위해 시작한 산토리의 캠페인 광고 중 하나입니다. 세상은 변하고, 삶의 방식도 변해갑니다. 그래도, 늘 사람들이 음식점에 모여서 함께 먹고 마시는 평범하지만 소중한 시간은 계속될 것입니다. 그런 날들이 쌓여 인생이 됩니다. 그냥 지나칠 수 있는 보통의 하루를 다시 되돌아보게 해주는 카피이죠.
마지막 문장 「人生には、飲食店がいる。」(인생에는 음식점이 필요하다.)는 시적인 표현입니다. 음식점이 단순히 식사를 해결하는 곳을 넘어, 마음이 머무는 공간, 타인과 마주 앉는 시간, 일상에서 벗어날 수 있는 여백이라는 메시지를 이 한 문장에 담고 있습니다.

大人って、なんだろう?
いつの間にか、いい歳になって
そんなことをぼんやり考えたりする。

いまどき理想はひとつじゃないし、
その答えはカンタンには見つからない。

大人になっても、ぼくらの旅は続く。
悩みや不安は尽きないけれど、
変わる景色や寄り道を楽しみながら。

大人はみんな、旅の途中。

어른이란 무엇일까?
어느샌가 제법 나이를 먹어
그런 것을 어렴풋이 생각하곤 한다.

요즘 세상에 이상은 하나도 아니고
그 답은 쉽게는 찾을 수 없다.

어른이 되어도 우리의 여행은 계속된다.
고민과 불안은 끝나지 않지만,
변하는 풍경이나 돌아서 가는 길을 즐기면서.

어른은 모두, 여행의 도중.

– JR동일본 신문광고 (2025)

大人(おとな) 어른 | いつの間(ま)にか 어느새 | いい歳(とし) 지긋한 나이 | ぼんやり 어렴풋이, 멍하니 | 考(かんが)える 생각하다 | 今時(いまどき) 요즘, 요즘 시대 | 理想(りそう) 이상 | 一(ひと)つ 하나 | 答(こた)え 대답 | 簡単(かんたん)に 간단하게 | 見(み)つかる 발견되다 | 大人(おとな) 어른 | 旅(たび) 여행 | 続(つづ)く 계속되다 | 悩(なや)み 고민 | 不安(ふあん) 불안 | 尽(つ)きない 끝이 없다 | 変(か)わる 변하다 | 景色(けしき) 풍경 | 寄(よ)り道(みち) 돌아서 가는 길, 가는 길에 들름 | 楽(たの)しむ 즐기다 | 途中(とちゅう) 도중

JR 동일본의 '어른의 휴일 클럽'은 50세 이상을 대상으로 하는 회원제 서비스입니다. 2025년 출시하면서 일본을 대표하는 미남 배우 다케노우치 유타카를 모델로 대대적인 광고를 집행했습니다. 나이가 드는 것을 '완성'이 아니라 '여정의 연속'으로 바라보는 진중한 카피에 딱 어울리는 모델이죠. 나이를 먹어도 답은 쉽게 나오지 않고 고민과 불안도 계속됩니다. 그런 어른들에게 완성과 결과를 강요하지 않고 과정을 존중해주는 시선이 마음에 와닿는 걸 보니, 저도 완전 어른이네요.
여기서 いい歳는 직역하면 '좋은 나이'지만, 실제로는 '세상 물정을 알 나이', '나이를 먹을 만큼 먹은 나이'라는 뉘앙스로 사용됩니다. 주로 어떤 행동이 그 사람의 나이에 어울리지 않을 때, 비꼬거나 핀잔하는 어조로 사용되는 경우가 많습니다.

あるべきって
ないべき

何歳になったら、どうあるべきとか。
女性だから、こうあるべきとか。
私はこう見せるべきとか。
そんな決めつけから、卒業します。

私らしさを、愛せるひとへ。

당연한 것은
없는 게 당연

몇 살이 되면 어떻게 해야 한다든가.
여자니까 이래야 한다든가.
나는 이렇게 보여야 한다든가.
그런 식의 결정에서 졸업합니다.

나다움을 사랑할 수 있는 사람으로.

– 이세한 키스미 포스터 (2019)

何歳(なんさい) 몇 살 | 女性(じょせい) 여성 | 私(わたし) 나 | 見(み)せる 보이다, 보여주다 | 決(き)めつけ 단정 | 卒業(そつぎょう) 졸업 | ~らしい ~답다 | 愛(あい)する 사랑하다 | 人(ひと) 사람

화장품 기업 이세한(伊勢半)의 아이 메이크업 전문 브랜드 키스미의 카피입니다. 아직도 우리 사회의 통념과 편견이 여성에게 강요하는 수많은 당위에서 벗어나 주체적인 의지와 생각으로 '나다움'을 표현하라고 응원의 메시지를 전하고 있습니다.
「あるべきってないべき」는 직역하면 '마땅히 그래야 하는 건 없어야 할 것'이지만, 이 카피에서는 한글 번역의 말맛을 살리기 위해 '당연한 것은 없는 게 당연'으로 의역했습니다.

オジサンというより、
少年のベテランに。

아저씨, 아니
소년 베테랑으로.

わきまえるを知っているけど、
あきらめるを知らない。

분수는 알고 있지만,
포기할 줄 모른다.

良識も知性もあるけど、
無垢な感情を隠さない。
少年のベテランは心のフットワークが軽いのだ。

양식도 지성도 있지만,
순수한 감정을 숨기지 않는다.
소년 베테랑은 마음의 발놀림이 가볍다.

あの日の澄みわたる青い空は、まだ遠くない。
40才からを誇ろう。

그날의 맑게 갠 푸른 하늘은 아직 멀지 않았다.
마흔부터를 자랑하자.

— 맨담 루시도 신문광고 (2021)

少年(しょうねん) 소년 | 弁(わきま)える 분별하다, 분수를 알다 | 知(し)る 알다 | 諦(あきら)める 포기하다 | 良識(りょうしき) 양식 | 知性(ちせい) 지성 | 無垢(むく) 순수함 | 感情(かんじょう) 감정 | 隠(かく)す 숨기다, 감추다 | 心(こころ) 마음 | フットワーク 풋워크(footwork), 발놀림 | 軽(かる)い 가볍다 | 日(ひ) 날 | 澄(す)みわたる 맑고 투명하다 | 青(あお)い 파랗다, 푸르다 | 空(そら) 하늘 | 遠(とお)い 멀다 | ~才(さい) ~살, ~세 | 誇(ほこ)る 자랑하다

루시도는 중년 남성을 위한 화장품 브랜드입니다. 이 카피는 '아저씨'인 타깃들을 '베테랑이 된 소년'이라고 부르며 아저씨들의 가슴속 어딘가 남겨져 있을 순수한 마음을 꺼내보게 합니다. 화장품을 사용하는 목적 중 하나는 그 나이로 보이지 않게 하는 것이죠. 자기 나이로 보인다면 실망스러워하는 분이 많잖아요. 루시도는 나이가 덜 들어 보이게 해주겠다는 약속은 하지 않습니다. 오히려 나이를 긍정하는 철학을 말합니다. 진짜 '동안 미용'은 화장품보다 생각과 태도를 통해 시작되는지도 모릅니다.

31

こどもたちに 伝えたいことがある
この世界が どんなに美しいか

この星は 水の星 青く光る星
雲の湧く 雪の積もる
季節のめぐる星

夕焼けの星 虹の星
奇跡のような いのちの星

こんな星は この宇宙に めったにない

아이들에게 전하고 싶은 말이 있다
이 세상이 얼마나 아름다운지

이 별은 물의 별, 푸르게 빛나는 별
구름이 솟아오르고, 눈이 쌓이고
계절이 순환하는 별

저녁 노을의 별, 무지개의 별
기적처럼 생명이 살아 있는 별

이런 별은 이 우주에 좀처럼 없다

– 세키스이 하우스 신문광고 (2021)

子供(こども) 아이 | 伝(つた)える 전하다 | 世界(せかい) 세계 | 美(うつく)しい 아름답다 | 星(ほし) 별 | 水(みず) 물 | 青(あお)い 파랗다 | 光(ひか)る 빛나다 | 雲(くも) 구름 | 湧(わ)く 솟다 | 雪(ゆき) 눈 | 積(つ)もる 쌓이다 | 季節(きせつ) 계절 | 巡(めぐ)る 순환하다 | 夕焼(ゆうや)け 저녁 노을 | 虹(にじ) 무지개 | 奇跡(きせき) 기적 | 命(いのち) 생명 | 宇宙(うちゅう) 우주 | 滅多(めった)に 좀처럼 (없다)

세키스이 하우스는 '지속 가능한 주거'를 핵심 가치로 삼는 일본 최대급의 주택 건설 기업입니다. 단순한 집을 넘어 자연과 조화를 이루는 삶의 터전을 짓는 것을 목표로 삼고 있는 기업답게, 짓고 있는 집이 아니라 더 미래 지향적인 관점을 보여줍니다. 아이들에게 남기고 싶은 커다란 집으로서의 지구를 바라보는 시선이 따뜻하죠. 한 줄 한 줄 읽어보니 우주에 좀처럼 없는 이런 별에 태어난 것에 감사하게 됩니다.

여기서 めったに는 보통 ない와 함께 쓰여 '좀처럼 ~하지 않다, 드물게 ~하다'라는 뜻을 나타냅니다. 일상에서 거의 일어나지 않지만, 가능성은 있는 상황을 표현할 때 쓰죠. 그래서 감정이 실린 강조나 특별함을 부각할 때 많이 사용합니다.

おいしい生活。

甘いばかりじゃ、退屈です。
辛い、苦い、酸っぱい、渋い、
と、いろいろあるのがオトナの生活。

問いたいのは味であります。

自分のおいしさをさがすトリップは、
そのまま、自分の生活をさがすことらしい。

おいしい人に逢って、
おいしい本を読んで、
おいしいファッションを見つけて、
おいしい時間を過ごす。
そんな生活、理想に終わらせたくないな…。

美味(おい)しい 맛있다 | 生活(せいかつ) 생활, 삶 | 甘(あま)い 달다 | 退屈(たいくつ)だ 따분하다 | 辛(から)い 맵다 | 苦(にが)い 쓰다 | 酸(す)っぱい 시다 | 渋(しぶ)い 떫다 | 大人(おとな) 어른, 성인 | 問(と)う 묻다 | 味(あじ) 맛 | 自分(じぶん) 자기, 자신 | トリップ 여행(trip) | 探(さが)す 찾다 | 人(ひと) 사람 | 逢(あ)う 만나다 | 本(ほん) 책 | 読(よ)む 읽다 | 見(み)つける 찾다, 발견하다 | 時間(じかん) 시간 | 過(す)ごす 보내다 | 理想(りそう) 이상 | 終(お)わる 끝나다

맛있는 삶.

달기만 해서는 따분합니다.
매운맛, 쓴맛, 신맛, 떫은맛
다양한 것이 어른의 삶.

묻고 싶은 것은 맛입니다.

자기만의 맛을 찾는 여행은
그 자체로 자신의 삶을 찾는 일인 것 같다.

맛있는 사람을 만나고
맛있는 책을 읽고
맛있는 패션을 찾고
맛있는 시간을 보낸다.
그런 삶, 이상으로 끝내고 싶지 않다….

- 세이부 백화점 광고(1982)

1982년에 발표된 세이부 백화점의 광고에 실려 큰 사랑을 받은 카피입니다. 특히, '맛있는 삶'이라는 헤드라인은 일본 광고사 최고의 카피 중 하나로 꼽힙니다. 지금의 감각으로는 다소 평이해 보이지만, 이 카피가 처음 나왔을 때만 해도 '맛있다'와 '생활'이란 단어의 조합이 낯설면서도 신선했던 거죠. 맛이란 감각을 삶 전체로 확장한 이 카피는, 쇼핑을 통한 소비가 단순한 구매가 아닌 '자기다운 삶을 찾아가는 여정'이라는 새로운 철학을 제시합니다.
여기서 逢う는 일상적인 '만남'을 말할 때 쓰는 会う와는 달리, 애틋하고 감정이 담긴 만남을 표현할 때 사용합니다. 서로를 그리워하다가 오랜만에 재회하거나, 운명처럼 느껴지는 만남처럼 특별하고 가슴에 남는 만남을 뜻할 때 쓰기 때문에, 일상 회화보다는 시나 소설, 광고 문구에서 자주 볼 수 있습니다.

楽しく生きる。以上です。

楽しく生きるヒントは自分。
つまんなく生きるヒントも自分？

楽しくてもつまんなくても日は沈む。

楽しいが渋滞している春になれ。

즐겁게 산다. 이상입니다.

즐겁게 사는 힌트는 '나'.
지루하게 사는 힌트도 '나'?

즐거우나, 지루하나 해는 진다.

즐거움이 머무는 봄이 되어라.

- earth music & ecology 포스터 (2023)

楽(たの)しい 즐겁다 | 生(い)きる 살다 | 以上(いじょう) 이상 | 自分(じぶん) 자기, 자신 | つまんない 지루하다, 심심하다(つまらない의 회화체 표현) | 日(ひ) 해 | 沈(しず)む 지다 | 渋滞(じゅうたい) 정체, 밀림 | 春(はる) 봄

패션 브랜드 earth music & ecology는 삶의 방식이나 개인의 내면을 섬세한 시각으로 포착하는 카피로 소비자들과 소통합니다. 이 카피는 브랜드 특유의 쿨하고 감성적인 문체로 세상을 살아가는 태도를 제안합니다. 가볍게, 그러나 경박하지 않게 새로운 시작을 긍정하는 문장에 괜히 기분이 좋아지네요. 봄뿐만 아니라 즐거움이 가득한 여름, 가을, 겨울도 맞이하시길!

「以上です。」(이상입니다)는 발표나 보고를 마칠 때 쓰는 표현인데, 여기선 '그게 전부'라는 뉘앙스로 쓰였어요. 감정 없이 단정한 이 한마디가 오히려 더 깊은 인상을 주네요.

Part 2

순간도 일생도
아름답게

一瞬も 一生も 美しく

비슷한 일상과
같은 사람도

새로운 의미가
되는 순간이
있습니다.

ふだん着の日が、人生になる。

人は、いつの日か人生を終える。
その時、愛おしく思い返すのは、
何気ないふだん着で過ごした
日々のことではないだろうか。

평소처럼 입는 날이 인생이 된다.

인간은 언젠가는 삶을 마친다.
그때 애틋하게 되돌아보는 것은
무심하게 평상복으로 지냈던
하루하루가 아닐까.

유니클로 포스터 (2021)

普段着(ふだんぎ) 평상복 | 日(ひ) 날 | 人生(じんせい) 인생 | 人(ひと) 사람 | 人生(じんせい) 인생 | 終(お)える 마치다 | その時(とき) 그때 | 愛(いと)おしい 사랑스럽다 | 思(おも)い返(かえ)す 다시 생각하다, 생각을 바꾸다 | 何気(なにげ)ない 무심하다, 아무렇지도 않다 | 過(す)ごす 보내다, 지내다 | 日々(ひび) 나날

라이프웨어(LifeWear)라는 브랜드 철학을 가진 유니클로의 이 카피는 옷에서 시작해 인생의 풍경 속으로 시선을 넓혀줍니다. 인상적으로 기억되는 사건들이 아니라, 그런 일들 사이를 묵묵히 채워 흘러갔던 하루하루가 진짜 인생의 본질이라는 거죠. 평소처럼 일어나, 평소처럼 입고 나와서, 평소처럼 주어진 하루를 보내고 있다면 당신은 잘 살고 있는 거예요. 진짜 인생을 쌓고 있는 중이니까요.

何気ない(무심하다, 아무렇지도 않다)는 겉보기엔 특별할 것 없는 평범한 상태를 말하는 형용사입니다. 이 표현과 함께 愛おしく思い返す(애틋하게 되돌아보다)를 써서, 아무렇지 않게 보낸 일상이 나중에 얼마나 소중한 기억이 되는지를 보여주고 있습니다. 평범함을 따뜻하게 바라보는 일본어 특유의 섬세한 감성이 잘 드러나는 문장이죠.

検索結果に頼りすぎて、
世の中ちょっとつまらなくなってませんか?

目的地への往復だけじゃ気づかない
寄り道がくれる偶然の出会いに、
人はワクワクするんだ。

検索より、探索。

검색 결과에 너무 의존하다 보니
세상이 좀 재미없어지지 않나요?

목적지를 왕복하는 것만으로는 알아챌 수 없는
샛길이 주는 우연한 만남에
사람들은 설레는 것이다.

검색보다 탐색.

- JR동일본 여객철도 인쇄광고 (2015)

検索(けんさく) 검색 | 結果(けっか) 결과 | 頼(たよ)る 의존하다 | 世(よ)の中(なか) 세상 | 目的地(もくてきち) 목적지 | 往復(おうふく) 왕복 | 気(き)づく 깨닫다, 알아차리다 | 寄(よ)り道(みち) 돌아서 가는 길, 가는 길에 들름 | 偶然(ぐうぜん) 우연 | 出会(であ)い 만남 | 人(ひと) 사람 | 探索(たんさく) 탐색

철도기업인 JR동일본이 주도하는 'Fun! Tokyo!' 캠페인은 도쿄를 중심으로 수도권의 다양한 매력을 소개하는 관광 문화 홍보 프로젝트입니다. 이 카피는 캠페인 광고 중 하나에 실려 있습니다. 스마트폰 검색을 따라가는 획일적인 여행 말고, 실제 거리로 뛰어들어 몰랐던 세상을 탐색하는 즐거움을 느껴보라고 권합니다. 때론 길을 헤매는 중에 발견되는 우연이나, 옆길에서 만나는 소소한 놀람이야말로 도시 여행의 기쁨이라는 메시지에 괜히 비행기표를 사고 싶어지네요.

「~に頼りすぎて」는 '~에 너무 의존해서'라는 뜻으로, 頼る(의지하다)와 過ぎる(지나치다)가 결합된 표현입니다.

<u>手紙なら、不器用さも、
武器になる。</u>

便せんを選ぶ。
下書きをする。
清書をする。
住所を書く。
切手を貼る。
ポストに入れる。

手間がかかることを知っているから、

手紙は、
もらうとうれしい。

<u>편지라면 서투름도
무기가 된다.</u>

편지지를 고른다.
초안을 쓴다.
정서를 한다.
주소를 쓴다.
우표를 붙인다.
우체통에 넣는다.

손이 많이 간다는 것을 알기에,

편지는
받으면 기쁘다.

— 일본우정그룹 TV광고 (2008)

手紙(てがみ) 편지 | 不器用(ぶきよう)さ 서투름 | 武器(ぶき) 무기 | 便(びん)せん 편지지 | 選(えら)ぶ 고르다 | 下書(したが)き 초고, 초안 | 清書(せいしょ) 정서(글씨를 깨끗이 씀, 초안을 깨끗이 베껴 씀) | 住所(じゅうしょ) 주소 | 書(か)く 쓰다 | 切手(きって) 우표 | 貼(は)る 붙이다 | 入(い)れる 넣다 | 手間(てま) 수고 | 掛(か)かる 들다, 걸리다 | 知(し)る 알다 | もらう 받다 | 嬉(うれ)しい 기쁘다

디지털 시대에도 여전히 유효한 '손 편지'의 가치를 따뜻한 언어로 전하는 카피입니다. 편지를 쓰는 과정에서 드러나는 서투름조차 '무기'가 된다는 표현이 정성과 진심의 가치를 역설적으로 말해줍니다. 직접 고르고, 쓰고, 붙이는 이 모든 번거로움이 크면 클수록 받는 사람에게 전해지는 감동은 더 깊어지죠. 편지뿐 아니라 무언가를 손수 하는 일이 점점 줄어드는 시대에 그 의미를 되새기게 하는 조용한 힘이 느껴집니다.

「手紙なら、不器用さも、武器になる。」는 不器用さ(서투름)와 武器(무기)의 발음이 비슷한 점을 살린 말장난입니다. 이런 언어유희는 일본어의 소리를 즐기면서 감성을 깊이 느낄 수 있는 좋은 포인트예요.

偶然は、偶然に起きない。

すべては必然なんて言うつもりない。
だけど偶然は、
あしたを変える力になるよ。
だれかとなにかと偶然であう仕組みがすき。
神様そこんとこ、どうぞよろしく。

우연은 우연히 일어나지 않아.

모든 게 필연이라고 말하려는 건 아니야.

하지만 우연은

내일을 바꾸는 힘이 될 거야.

누군가와 무언가를 우연히 만나는 그 메커니즘이 좋아.

신이시여 그 점, 잘 부탁드려요.

- earth music & ecology 포스터 (2021)

偶然(ぐうぜん) 우연 | 起(お)きる 일어나다, 발생하다 | 必然(ひつぜん) 필연 | 言(い)う 말하다 | つもり 속셈, 의도 | 明日(あした) 내일 | 変(か)える 바꾸다 | 力(ちから) 힘 | 誰(だれ) 누구 | 遭(あ)う 만나다 | 仕組(しく)み 구조, 메커니즘 | 好(す)きだ 좋아하다 | 神様(かみさま) 신

패션 브랜드 earth, music & ecology는 독특한 감성과 공감 가는 카피로 늘 화제가 됩니다. 분위기 있는 일러스트와 함께 등장하는 이 광고는, 우연은 우연히 일어나지 않는다는 모순적인 문장으로 호기심을 자극하면서, 삶을 변화시키는 우연의 힘을 이야기합니다. 신에게 청탁을 하는 듯한 유머러스한 엔딩의 반전으로 재미까지 주는 카피입니다.

여기서 仕組み는 '구조, 메커니즘'이라는 뜻으로, 이 카피에서는 평범한 사건 안에 어떤 설계나 의미가 있다는 시선을 보여주기 위해 쓰였습니다. そこんとこ는 そのところ(그 점)를 줄인 구어체 표현으로, 친구끼리 이야기할 때처럼 친근하고 가벼운 분위기에서 사용됩니다.

窓

あなたと、天気の、
あいだにあるもの。

誰かを
詩人にする装置。

ずっと前から、
世界をライブ配信中。

マドの日差しは、
50億年もつ
照明器具でしょう。

창

당신과 날씨의
사이에 있는 것.

누군가를
시인으로 만드는 장치.

오래전부터 계속
세상을 라이브 중계 중.

창의 햇살은,
50억 년 된
조명 기구일 것입니다.

– YKK AP 신문광고 (2015~2018)

窓(まど) 창문 l 天気(てんき) 날씨 l 間(あいだ) 사이 l 誰(だれ) 누구 l 詩人(しじん) 시인 l 装置(そうち) 장치 l 前(まえ) 전, 앞 l 世界(せかい) 세계 l 配信(はいしん) 배포, 송출 l 日差(ひざ)し 햇빛 l 億(おく) 억 l 年(ねん) 년 l 持(も)つ 가지다, 들다 l 照明器具(しょうめいきぐ) 조명 기구

창호 전문 기업 YKK AP는 창을 주제로 한 감성적인 광고로 소비자들과 소통하는 기업입니다. 그중에서 창을 다른 시각에서 바라본 몇 가지 카피를 모아봤습니다. 상품으로서 특성이나 장점을 설명하기보다는 창이 우리 삶에 주는 의미를 먼저 제시하는 카피들이죠. 창을 제조하여 판매하는 회사라기보다는, 창을 통해서 인생과 세상을 사유하는 창의 철학자라고 불러도 손색이 없을 것 같습니다.

ずっと前からは '아주 오래전부터 줄곧'이라는 시간적 강조 표현입니다. 여기서 ずっと는 시간적으로 '오랫동안', '계속'을 의미하죠. 즉, 창문은 오래전부터 세상을 보여주는 창으로서 계속 존재해왔다는 뜻으로, 시간의 지속성과 사물의 상징성을 강조합니다. 문맥에 따라 ずっと는 '훨씬'을 의미하기도 하므로 해석에 주의해야 합니다.

性別も　　　　　　　　　　　성별도

背の高さも　　　　　　　　키도

体重も　　　　　　　　　　체중도

肌の色も　　　　　　　　　피부색도

目の大きさも　　　　　　　눈의 크기도

話す言語も　　　　　　　　이야기하는 언어도

生きる時代も　　　　　　　사는 시대도

何も、　　　　　　　　　　아무것도,

美しさをしばれない。　　　아름다움을 구속할 수 없다.

　　　　　　　　　　　　　- 시세이도 신문광고 (2017)

性別(せいべつ) 성별 | 背(せ) 등, 키 | 高(たか)さ 높이 | 体重(たいじゅう) 체중 | 肌(はだ) 피부 | 色(いろ) 색 | 目(め) 눈 | 大(おお)きさ 크기 | 話(はな)す 이야기하다 | 言語(げんご) 언어 | 生(い)きる 살다 | 時代(じだい) 시대 | 何(なに) 무엇 | 美(うつく)しさ 아름다움 | 縛(しば)る 묶다, 결박하다

시세이도는 매년 '마이니치 패션 대상'을 후원하며 젊은 디자이너들의 창의성과 다양성을 응원해왔습니다. 이 광고는 2017년, 신인상과 장려상을 수상한 디자이너 유이마 나카자토를 모델로 제작됐습니다. 카피 또한 다양성과 포용, 그리고 개인의 개성을 존중하는 그의 패션 철학이 녹아 있습니다. 정해진 기준에 얽매이지 않는 자유로운 아름다움의 가능성을 쉽고 명료하게 선언한 카피가 인상적입니다.

しばれない는 동사 しばる(묶다)의 가능형인 しばれる(묶을 수 있다)의 부정형입니다. しばる는 무언가를 묶는 것 같은 물리적인 것뿐 아니라, 자유를 제한하는 추상적인 의미로도 자주 쓰이지요.

肌は、私が見るより、
誰かが見る時間のほうが長い。

肌を、愛そう。

肌が明るい日は、
声まで明るくなる。

肌を、愛そう。

肌がいい日は、
いつもよりゆっくり歩く。

肌を、愛そう。

— NOV 포스터 (2013)

피부는 내가 보는 것보다
누군가가 보는 시간이 더 길다.

피부를 사랑하자.

피부가 밝은 날은
목소리까지 밝아진다.

피부를 사랑하자.

피부가 좋은 날은
평소보다 천천히 걷는다.

피부를 사랑하자.

肌(はだ) 피부 | 私(わたし) 나 | 見(み)る 보다 | 誰(だれ) 누구 | 時間(じかん) 시간 | 長(なが)い 길다 | 愛(あい)する 사랑하다 | 明(あか)るい 밝다 | 日(ひ) 날 | 声(こえ) 목소리 | いつも 보통 때, 언제나 | ゆっくり 천천히 | 歩(ある)く 걷다

기초 화장품 브랜드인 NOV의 포스터 헤드라인 모음입니다. 민감성 피부를 위해 피부과 전문의와 협업으로 개발된 순한 성분의 스킨케어 제품으로 유명한 브랜드답게 여성의 피부에 대한 공감 가는 이야기들로 채워져 있습니다. 피부 상태가 기분과 행동에 미치는 영향에 대한 생활속의 관찰이 카피에 섬세하게 반영되어 고개를 끄덕이게 만들죠. 피부를 사랑하는 일은 곧 내 일상과 삶을 사랑하는 일이라는 사실이 납득됩니다.

「～より」는 '~보다'라는 비교 표현입니다. 여기서는 「～より～のほうが」(~보다 ~쪽이 더 ~하다)와 「いつもより」(평소보다)의 형태로 쓰였습니다.

がんばる人の、がんばらない時間。

世の中には、がんばっている人が
どんなにたくさんいるか。
暑い日も、寒い日も。
傘が役に立たないような雨風の日も、
電車を止めてしまうほどの雪の日も。

会社のために、家族のために、
そして自分のためにがんばる人たち。
そんな人たちに、「がんばらない時間」を
あげたい。

がんばらない時間は、
次のがんばる時間のためにある。

노력하는 사람의, 노력하지 않는 시간.

세상에는 열심히 살아가는 사람들이
얼마나 많은가.
더운 날도, 추운 날도.
우산이 도움이 안 되는 비바람 부는 날에도.
전철을 멈춰 세울 만큼 폭설이 내리는 날에도.

회사를 위해, 가족을 위해
그리고 자신을 위해 노력하는 사람들.
그런 사람들에게 '노력하지 않는 시간'을
주고 싶다.

노력하지 않는 시간은
그다음 노력하는 시간을 위해 있다.

- 도토루 커피 포스터 (2010)

頑張(がんば)る 분발하다 | 人(ひと) 사람 | 時間(じかん) 시간 | 世(よ)の中(なか) 세상 | 暑(あつ)い 덥다 | 日(ひ) 날 | 寒(さむ)い 춥다 | 傘(かさ) 우산 | 役(やく)に立(た)つ 도움이 되다 | 雨風(あめかぜ) 비바람 | 電車(でんしゃ) 전철 | 止(と)める 멈추다 | 雪(ゆき) 눈 | 会社(かいしゃ) 회사 | 家族(かぞく) 가족 | 自分(じぶん) 자기, 자신 | あげる (내가 남에게) 주다 | 次(つぎ) 다음

일본의 대표적 커피 브랜드 도토루가 창립 30주년을 맞아 런칭한 캠페인의 슬로건입니다. 커뮤니케이션의 콘셉트가 At Ease(마음 편한)였다고 해요. 바쁘게 살아가는 사람들이 잠시 여유를 가질 수 있는 공간을 제공하고 싶다는 의미에서 나온 카피입니다. 역시 커피는 맛과 향이 아니라 그것을 즐기는 시간과 경험으로 파는 것이죠.
이 글에서 がんばらない時間은 노력하는 사람에게 필요한, 의도적인 '힘을 빼는 시간'을 말합니다. 게으른 시간이 아니라, 회복과 여유를 위해 필요한 시간이겠지요. 정성껏 살아가는 사람일수록, 힘을 빼는 순간을 선물해줘야 한다는 말이 참 따뜻하네요.

「よく働く手は、
よく働く私でした。」

今日も手が働いている。
あなたが今日も働いている。

手が冷たさに耐えている。
あなたが冷たさに耐えている。

その手が誰かを幸せにしている。
あなたが誰かを幸せにしている。

手をいたわることは、
よく働いた自分をほめること。

働く手をほめよう。

'일 잘하는 손은
일 잘하는 나였다.'

오늘도 손이 일하고 있다.
당신이 오늘도 일하고 있다.

손이 추위를 견디고 있다.
당신이 추위를 견디고 있다.

그 손이 누군가를 행복하게 하고 있다.
당신이 누군가를 행복하게 하고 있다.

손을 보살피는 것은
일을 잘한 자신을 칭찬하는 것이다.

일하는 손을 칭찬하자.

– 오츠카제약 오로나인H 연고 잡지광고 (2013)

働(はたら)く 일하다 | 手(て) 손 | 私(わたし) 나 | 今日(きょう) 오늘 | 冷(つめ)たさ 추위 | 耐(た)える 견디다 | 誰(だれ) 누구 | 幸(しあわ)せ 행복 | 労(いたわ)る 돌보다, 위로하다 | 自分(じぶん) 자기, 자신 | 褒(ほ)める 칭찬하다

오로나인H 연고는 상처, 가벼운 화상이나 피부 질환에 바르는 제품으로, 집집마다 두고 쓰는 국민 상비약 중 하나입니다. 그러다 보니 브랜드명을 더 알리거나 효능을 강조하기보다는 대표성을 부각하기 위한 감성적인 광고를 많이 집행합니다. 이 카피도 '일하는 손'이라는 주제로 평범하지만 열심히 일하는 사람들의 가치와 의미를 전합니다. 그런 사람들의 손을 지키는 의약품이라는 자부심과 자신감도 묻어나죠.

여기서 '차가움'을 의미하는 冷たさ는 冷たい(차다)의 명사형입니다. 일본어에서는 い형용사의 い를 떼고 さ를 붙이면 '~함'이라는 뜻의 명사형이 됩니다. 예를 들어, '더움, 더위'를 의미하는 暑さ는 暑い(덥다)의 명사형입니다.

43

大人から幸せになろう。

いちばん大切なのは、
あなたが幸福であること。

あなたが幸福でなければ、
あなたのあとにつづく若者や子どもたちが
大人になりたいと思わないのですから。

어른부터 행복해지자.

가장 중요한 것은
당신이 행복한 것.

당신이 행복하지 않으면
당신을 뒤따르는 젊은이나 아이들이
어른이 되고 싶어 하지 않을 테니까.

- 파워포럼 신문광고 (2001)

大人(おとな) 어른 | 幸(しあわ)せ 행운, 행복 | 一番(いちばん) 가장, 제일 | 大切(たいせつ)だ 소중하다 | 幸福(こうふく) 행복 | 後(あと) 다음, 뒤 | 続(つづ)く 계속되다, 뒤따르다 | 若者(わかもの) 젊은이 | 子供(こども) 아이 | 思(おも)う 생각하다

아이들은 어른들을 보고 배우며 자랍니다. 말로 가르치는 것보다 훨씬 더 많은 것을 어른들의 감정, 태도, 행동을 보면서 은연중에 배우게 되죠. 어쩌면 어른들의 행복도 아이들이 보고 배우는 것일지 모르겠습니다. 어떻게 생각하고, 어떻게 살아야 행복한지 아이들이 따라 한다고 생각하니, 지금 당장 우리들의 모습을 돌아봐야 할 것 같네요. 어른부터 먼저 행복해지자는 이 카피는, 결국 모두의 행복을 위한 시작점이 되는군요.

つづく(계속되다, 뒤따르다)는 만화나 드라마의 마지막에 '다음 편에 계속됩니다'라는 뜻으로 자주 등장하는 표현입니다. 이 광고에서도 '당신 뒤를 잇는 다음 세대'를 이야기하며, 단순한 시간의 흐름을 넘어 삶이 이야기처럼 이어진다는 감각과 역할의 계승을 암시하고 있습니다. 즉, つづく는 단어 하나로도 시간, 관계, 세대라는 큰 흐름을 담아낼 수 있는 표현입니다.

上手な生き方、とかじゃなく、
みんなが幸せになれるといいのに。

ポイントを気にして買いものするんじゃなく、
ほしいものに自然とポイントがついてくるといいのに。

おトクという言葉にしばられるんじゃなく、
自由な気持ちでくらせるといいのに。

잘 사는 방법 같은 게 아니라

모두가 행복해질 수 있으면 좋을텐데.

포인트에 신경쓰면서 쇼핑하는게 아니라

원하는 물건에 저절로 포인트가 따라오면 좋을텐데.

할인이라는 말에 얽매이지 않고

내 뜻대로 지낼 수 있으면 좋을텐데.

- 브이포인트 신문광고 (2024)

上手(じょうず)だ 능숙하다 | 生(い)き方(かた) 삶의 방식 | 幸(しあわ)せ 행복 | 気(き)にする 신경 쓰다 | 買(か)い物(もの) 쇼핑 | 自然(しぜん)と 자연스럽게, 저절로 | 付(つ)いて来(く)る 따라오다 | お得(とく) 이익, 이득 | 言葉(ことば) 말 | 縛(しば)る 묶다, 매다 | 自由(じゆう) 자유 | 気持(きも)ち 마음 | 暮(く)らす 살다

브이포인트는 금융 기업과 데이터 기업이 함께 운영하는 대표적 통합 포인트 시스템입니다. 일상의 다양한 소비와 연관된 포인트 서비스지만 사용처, 특장점, 혜택을 말하기에 앞서 삶의 문제를 꺼내 들었습니다. '어떻게 잘 살까'보다는 '어떻게 모두가 행복해질 수 있을까'를 물음으로써 서비스에 담긴 철학으로 소비자와 공감하려고 합니다. 기술도 금융공학도 좋지만, 그것을 사용하는 사람을 중심에 두겠다는 자세이겠죠.

여기서 お得는 '이득, 이익'이라는 뜻으로, 세일, 포인트, 혜택처럼 경제적으로 이익이 되는 상황을 나타냅니다. 앞에 붙은 お는 정중하고 부드러운 말투를 만들어주는 접두어로, 광고나 일상 회화에서 친근하고 매끄러운 인상을 주기 위해 함께 사용되죠. 슈퍼나 편의점의 특가 상품 스티커나 할인 안내 문구에 お得가 자주 등장하니 기억해 두세요.

わたしは、私。

今年、あなたはひとつ歳を取る。
その度に、歳相応にとか、
いい歳してとか、
つまらない言葉が、
あなたを縛ろうとする。

あなたは、耳を貸す必要なんてない。
世間の見る目なんて、
いつだって後から変わる。

나는 나다.

올해 당신은 한 살 더 먹는다.
그때마다 나이에 걸맞게라든가
그 나이 먹고라든가
하찮은 말들이
당신을 옭아매려고 할 것이다.

당신은 귀를 기울일 필요따윈 없다.
세상의 시선 따위
언제든지 나중에 변한다.

– 세이부·소고 백화점 (2017)

私(わたし) 나 | 今年(ことし) 올해 | 歳(とし)を取(と)る 나이를 먹다 | 度(たび) 때, 때마다 | 相応(そうおう) 걸맞음, 상응 | いい歳(とし) 지긋한 나이 | 言葉(ことば) 말 | 縛(しば)る 묶다, 매다 | 耳(みみ)を貸(か)す 귀를 기울이다 | 必要(ひつよう) 필요 | 世間(せけん) 세상, 세간 | 見(み)る目(め) 남의 눈 | 後(あと) 뒤, 나중 | 変(か)わる 변하다, 바뀌다

'나이에 걸맞게'는 '어떻게'를 말하는 것일까요? 세상이 정해놓은 틀을 따르는 일은 안전하지만 정말 내가 원하는 것이 아닐 때가 있습니다. 결정은 우리의 몫입니다. 정해진 답은 없습니다. 선택에 따른 결과에 스스로 책임을 질 뿐이죠. 세상의 기준이 언제나 바뀐다는 것은 좋은 힌트지만, 언제나 나에게 유리하게 바뀌리라는 법은 없는 것이 함정입니다.
여기서 歲相応(としそうおう)는 직역하면 '나이에 상응함'이라는 뜻으로, 일상 회화나 미디어에서 '나이에 어울리는 태도, 나잇값'이라는 의미로 널리 쓰입니다.

春です。 いつもより少しだけ 新しい世界が<u>始まろうとしています</u>。 ささやかな表情の行き交う毎日は もっと広がっていくでしょう。 その日常はきっと、 この上なく美しい。 悩んでいても、前を向いていても、 立ち止まっていても、ふみだしていても、 泣きあっていても、笑いあっていても。 みんな、いい顔してる。	봄입니다. 평소보다 조금 새로운 세상이 시작되려 하고 있습니다. 소소한 표정들이 오가는 하루하루가 더 넓게 펼쳐질 것입니다. 그 일상은 분명 더할 나위 없이 아름다울 것이다. 고민하고 있든, 희망을 품고 있든 멈춰 서 있어도, 발을 내딛어도 울고 있든, 웃고 있든 모두들 좋은 표정을 짓고 있다.

— 시세이도 기업PR광고 (2023)

春(はる) 봄 | 少(すこ)し 조금, 약간 | 新(あたら)しい 새롭다 | 世界(せかい) 세계 | 始(はじ)まる 시작되다 | ささやか 사소함 | 表情(ひょうじょう) 표정 | 行(い)き交(か)う 오가다, 왕래하다 | 毎日(まいにち) 매일 | 広(ひろ)がる 펼쳐지다 | 日常(にちじょう) 일상 | この上(うえ)ない 더할 나위없다 | 美(うつく)しい 아름답다 | 悩(なや)む 고민하다 | 前(まえ)を向(む)く 앞을 향하다, 긍정적인 태도를 취하다 | 立(た)ち止(ど)まる 멈춰 서다 | 踏(ふ)み出(だ)す 내딛다 | 泣(な)き合(あ)う 같이 울다 | 笑(わら)い合(あ)う 함께 웃다 | 顔(かお) 얼굴, 표정

화장품 기업 시세이도가 코로나 이후 일상으로 복귀한 상황에 발표한 광고 카피입니다. '봄'이라는 은유를 통해 새로운 시작과 평범한 삶의 아름다움을 담았습니다. 마스크를 벗고 얼굴을 드러낸 사람들을 묘사하는 목소리가 과하게 들뜨지 않아서 더 마음에 다가옵니다. 모두들 좋은 표정을 짓고 있다는 담백한 문장만으로 공감은 더 커지는 것 같네요.

「~(よ)うとしている」는 막 일이 시작되거나 끝나기 직전임을 나타내는 표현입니다. 「始まろうとしています」는 '시작되려 하고 있어요'라는 뜻으로, 아직 시작된 건 아니지만 무언가 변화가 다가오고 있는 분위기를 표현하고 있습니다.

ひとは、夏育つ。

ひまわりが、気づけば人の背をこえているように。
ひと夏で顔つきが全く変わっている人がいる。
動くだけでクタクタになるほど暑いのに、
人は恋に落ち、スポーツに打ちこみ、
仕事に燃えて、旅に出て。
夏は、一年でいちばん人間を
成長させる季節かもしれない。

사람은 여름에 자란다.

해바라기가 어느새 사람의 키를 넘어선 것처럼.

여름 동안 얼굴이 완전히 달라진 사람이 있다.

움직이기만 해도 녹초가 될 만큼 더운데도

사람은 사랑에 빠지고, 스포츠에 몰두하며

일에 열중하고, 여행을 떠난다.

여름은 일 년 중 가장 인간을

성장시키는 계절일지도 모른다.

- 신초샤 신문광고 (2017)

人(ひと) 사람 | 夏(なつ) 여름 | 育(そだ)つ 자라다 | 気(き)づく 깨닫다, 알아차리다 | 背(せ) 등, 키 | 超(こ)える 넘다, 초과하다 | 顔(かお)つき 얼굴 생김새 | 全(まった)く 완전히 | 変(か)わる 바뀌다, 변하다 | 動(うご)く 움직이다 | くたくたになる 녹초가 되다 | 暑(あつ)い 덥다 | 恋(こい) 사랑 | 落(お)ちる 빠지다 | 打(う)ち込(こ)む 몰두하다 | 仕事(しごと) 일 | 燃(も)える 불타다 | 旅(たび) 여행 | 出(で)る 나가다, 나오다 | 一年(いちねん) 일 년 | 一番(いちばん) 가장, 제일 | 人間(にんげん) 인간 | 成長(せいちょう) 성장 | 季節(きせつ) 계절

1976년부터 매년 여름 추천 도서를 발표해 온 신초문고 '100권의 책' 캠페인의 카피입니다. 방학이나 휴가 등으로 독서하기 좋은 계절을 맞아 다양한 행사와 함께 대대적인 프로모션을 하죠. 여름에 책을 읽고 생각이 자라는 것을 인생의 성장과 연결하여 쓴 카피가 간결하면서도 설득력이 있습니다. 다만, 독서 중에 간식을 너무 곁들이면 옆으로도 성장할 수 있으니 조심해야겠습니다.

気づけば는 '정신 차리고 보니, 어느새'라는 의미로, 시간의 흐름이나 상황 변화를 부드럽고 감성적으로 표현할 때 씁니다.

恋が終わってしまうのなら、夏がいい。

恋には、いつか終わりがくる。
甘い恋にも、切ない恋にも。

終わることなんて、
考えたくもないけれど、
いつか終わりはやってくる。

終わりが避けられないことだとすれば、
桜舞い散る春よりも、
夕暮れに肩抱く秋よりも、
人肌恋しい冬よりも、
<u>鬱陶しい</u>くらいに日差しの眩しい夏がいい。

사랑이 끝나버릴 거라면 여름이 좋다.

사랑에는 언젠가 끝이 온다.
달콤한 사랑에도, 애달픈 사랑에도.

끝이 온다니
생각하기도 싫지만,
언젠가 끝은 찾아 온다.

끝이 피할 수 없는 일이라면,
벚꽃이 흩날리는 봄보다도
해질녘에 어깨동무하는 가을보다도
사람의 온기가 그리운 겨울보다도
성가실 정도로 햇살이 눈부신 여름이 좋다.

- 루미네 온라인광고 (2009)

恋(こい) 사랑 | 終(お)わる 끝나다 | 夏(なつ) 여름 | 終(お)わり 끝 | 来(く)る 오다 | 甘(あま)い 달콤하다 | 切(せつ)ない 애절하다 | 考(かんが)える 생각하다 | 避(さ)ける 피하다 | 桜(さくら) 벚꽃 | 舞(ま)い散(ち)る 흩날리다 | 春(はる) 봄 | 夕暮(ゆうぐ)れ 해 질 무렵 | 肩(かた) 어깨 | 抱(だ)く 안다 | 秋(あき) 가을 | 人肌(ひとはだ) 사람의 피부, 온기 | 恋(こい)しい 그립다 | 冬(ふゆ) 겨울 | 鬱陶(うっとう)しい 음울하다, 마음이 개운치 않다, 귀찮다 | 日差(ひざ)し 햇살 | 眩(まぶ)しい 눈부시다

패션·잡화 중심의 쇼핑몰 브랜드인 루미네는 트렌디하면서도 감각적인 비주얼과 감성적인 카피의 광고를 집행하는 것으로 유명합니다. 루미네 광고의 주요 테마 중 하나가 사랑이죠. 2009년 여름에 집행된 이 온라인 광고의 카피는 독자들의 마음에 파장을 던집니다. 여름에 끝난 사랑이라…. '대낮에 한 이별처럼 덜 슬플 것 같아서일까요? 참고로 벚꽃은 우리나라에서는 '설렘'을 의미하지만, 일본에서는 그 짧은 수명을 덧없음에 빗대어 '인생의 무상함'을 상징하기도 합니다. 또한 이 카피에서 강렬한 햇볕을 강조하는 鬱陶しい는 본래 '마음이 우울하거나 날씨가 꿉꿉한 상태' 또는 '무언가가 방해되어 귀찮은 상태'를 뜻하는 말입니다. 이 카피에서는 후자의 의미로 쓰여, 지긋지긋할 정도로 햇빛이 쨍한 여름날을 묘사하고 있습니다.

そういえば。親友も恩人も、
昔は他人だった。

思えばあの人も。ほんの数年前までは名前も知らない
他人だったのに。まさかこんなに仲良くなるなんて、

不思議だ。尊敬したり、嫉妬したり、
迷惑かけたりかけられたり。

出会いは私にいろんなことを教えてくれる。
そしてそういう経験が今の私をつくっている。
あなたがいない自分は自分じゃない。

親友(しんゆう) 매우 친한 친구 | 恩人(おんじん) 은인 | 昔(むかし) 옛날 | 他人(たにん) 타인 | 思(おも)う 생각하다 | 人(ひと) 사람 | ほんの 그저, 겨우 | 数年(すうねん) 수 년, 몇 년 | 前(まえ) 전, 앞 | 名前(なまえ) 이름 | 知(し)る 알다 | 仲良(なかよ)い 사이좋다 | 不思議(ふしぎ) 이상함, 희한함 | 尊敬(そんけい) 존경 | 嫉妬(しっと) 질투 | 迷惑(めいわく) 폐, 귀찮음 | 掛(か)ける 끼치다 | 出会(であ)い 만남 | 私(わたし) 나 | 教(おし)える 가르치다 | 経験(けいけん) 경험 | 今(いま) 지금 | 作(つく)る 만들다 | 自分(じぶん) 자기, 자신

그러고 보니, 친한 친구도 은인도,
예전에는 남이었다.

생각해보면 그 사람도, 불과 몇 년 전까지만 해도 이름도 모르는
낯선 사람이었는데. 설마 이렇게 친해질 줄이야.

신기하다. 존경하기도 하고, 질투하기도 하고,
귀찮게 하기도 하고 귀찮아 하기도 하고.

만남은 나에게 많은 것을 가르쳐준다.
그리고 그런 경험이 지금의 나를 만들고 있다.
당신이 없는 나는 내가 아니다.

- 구루나비 신문광고 (2016)

라쿠텐에서 운영하는 외식 정보 포털 구루나비의 신문 광고 중 일부입니다. 식당 정보를 제공하는 플랫폼을 넘어, '사람과 사람을 잇는' 서비스로 포지셔닝해온 브랜드의 카피답죠. 일상생활 속에 자연스럽게 맺어지는 타인들과의 인연에 대한 공감을 전하는 메시지인데요. 환영회나 송별회처럼 소중한 사람들과의 시간을 위해 의미 있는 장소를 찾을 때 자연스럽게 이 플랫폼이 떠오를 것 같습니다.

이 카피에서는 수동형을 배울 수 있는데요, 여기서 '귀찮게 하다'로 의역한 迷惑をかける(민폐를 끼치다)는 수동형으로 바꾸면 迷惑をかけられる(민폐 끼침을 당하다)가 됩니다. 그리고 기본형과 수동형을 묶어준 「~たり~たり」는 반복·상호·예시적 나열을 나타냅니다.

お母さんは、
ときどき嘘をつく。

疲れてても「大丈夫」って言う。
お菓子がひとつしかなかったら
「お腹いっぱいだから」って言う。
母の日のプレゼントだって
「いらないよ」って言うんです。

でも、母の日を忘れてる
お母さんはいません。
心のどこかでは、
あなたの「ありがとう」を
きっと楽しみにしてるはず。

だからちゃんと伝えよう。
どんな形だって
きっと喜んでくれるから。

어머니는
가끔 거짓말을 하신다.

피곤해도 "괜찮아"라고 말하신다.
과자가 하나밖에 없으면
"배불러서"라고 말하신다.
어머니날 선물도
"필요 없어"라고 하세요.

하지만 어머니날을 잊는
어머니는 없습니다.
마음속 어딘가에서는
당신의 "고마워요"를
분명 기대하고 있을 거예요.

그러니 제대로 전해요.
어떤 형태든
분명 기뻐하실 테니까요.

– 유니클로 어머니날 신문광고 (2022)

お母(かあ)さん 어머니 | 時々(ときどき) 때때로, 가끔씩 | 嘘(うそ)を吐(つ)く 거짓말을 하다 | 疲(つか)れる 피곤하다 | 大丈夫(だいじょうぶ)だ 괜찮다 | 言(い)う 말하다 | お菓子(かし) 과자 | 一(ひと)つ 하나, 한 개 | お腹(なか)いっぱい 배부르다 | 母(はは)の日(ひ) 어머니날 | 要(い)る 필요하다 | 忘(わす)れる 잊다 | 心(こころ) 마음 | 楽(たの)しみ 즐거움, 기대 | 伝(つた)える 전하다 | 形(かたち) 형태 | 喜(よろこ)ぶ 기뻐하다

세상의 모든 엄마들은 자식들을 위해 작은 거짓말을 합니다. 피곤해도, 먹고 싶어도, 갖고 싶은 게 있어도 늘 괜찮다고 합니다. 유니클로의 어머니날을 맞아 발표한 이 카피는 그런 엄마들의 다정한 거짓말을 조용히 들춰내며, 우리가 잊기 쉬운 마음의 빚을 일깨워줍니다. 어버이날이라는 이름으로 부모를 한 번에 챙기는 한국과 달리, 일본은 어머니날(5월 둘째 주 일요일)과 아버지날(6월 셋째 주 일요일)이 따로 있답니다.

「〜はず」(~일 것이다)는 근거나 이유가 있을 때 확신을 가지고 하는 추측을 나타냅니다. 예를 들어 이 광고의 楽(たの)しみにしてるはず는 '겉으로는 아무렇지 않아도 속으로는 분명히 기대하고 있을 거야'라는, 확신에 찬 추측을 담고 있는 표현입니다.

愛情をお金であがなうことはできません。

けれどお金に、
愛情をこめることはできます。

生命をふきこむことはできます。
愛する人のために、
お金が使われるなら。

애정을 돈으로 살 수는 없습니다.

하지만 돈에
애정을 담을 수는 있습니다.

생명을 불어넣을 수는 있습니다.
사랑하는 사람을 위해서
돈이 쓰이는 것이라면.

- 니혼생명 TV광고 (2005)

愛情(あいじょう) 애정 | お金(かね) 돈 | 購(あがな)う 구입하다, 사들이다 | 込(こ)める 속에 넣다, 담다 | 生命(いのち) 생명 | 吹(ふ)き込(こ)む 불어넣다 | 愛(あい)する 사랑하다 | 人(ひと) 사람 | 使(つか)う 사용하다

니혼생명은 가족의 사랑을 감성적인 영상문법으로 담은 TV 광고들로 유명합니다. 특히, 이 카피가 담긴 광고는 아기였던 딸이 성인이 될 때까지 아빠와 함께 지하철역 개찰구를 함께 오가는 모습을 담아 잔잔한 감동을 불러 일으켰습니다. 돈으로 사랑은 살 수 없다는 고백이 진정성을 갖는 이유는, 우리가 돈이면 모든 것이 가능하다고 여겨지는 시대에 살고 있기 때문일지도 모릅니다.
けれど는 앞 문장을 부드럽게 반전시키는 접속 표현으로, '하지만', '그렇지만'에 해당합니다. でも(하지만), しかし(그러나)보다 덜 단정적이고 조용하고 감정이 담긴 어조를 만들어냅니다. 광고나 일상 대화에서 자주 쓰이며, 상대의 감정을 해치지 않고 분위기를 전환하고 싶을 때 적절한 표현입니다.

嫌いな人をほめてみよう。

違うから、おもしろい。
違うから、視野が広がる。
違うから、成長できる。
たいせつなのは、
お互いを想い、認める気持ち。

嫌いな人のいいところを
見つけてみませんか。
そんな小さなやさしさから世界は
ちょっとずつ変わっていくと
私たちは信じています。

違うから、人は人を想う。

싫어하는 사람을 칭찬해보자.

다르기에 재미있다.

다르기에 시야가 넓어진다.

다르기에 성장할 수 있다.

중요한 것은

서로를 생각하고 인정하는 마음.

싫어하는 사람의 좋은 점을

찾아보지 않을래요?

그런 작은 다정함에서부터 세상은

조금씩 변해간다고

우리는 믿습니다.

다르기에, 사람은 사람을 생각한다.

- JT 기업PR 신문광고 (2019)

嫌(きら)いだ 싫다 | 人(ひと) 사람 | 褒(ほ)める 칭찬하다 | 違(ちが)う 다르다 | 面白(おもしろ)い 재미있다 | 視野(しや) 시야 | 広(ひろ)がる 넓어지다 | 成長(せいちょう)する 성장하다 | 大切(たいせつ) 소중함 | お互(たが)い 서로 | 想(おも)う 생각하다, 배려하다 | 認(みと)める 인정하다 | 気持(きも)ち 마음 | 良(い)い 좋다 | 見(み)つける 찾다, 발견하다 | 小(ちい)さな 작은 | 優(やさ)しさ 상냥함, 다정함 | 世界(せかい) 세계 | 変(か)わる 변하다 | 私(わたし)たち 우리 | 信(しん)じる 믿다

JT(Japan Tabacco Inc. 일본담배산업)는 식품, 의약품 등 사업도 크지만 어쩔 수 없는 일본의 대표 담배 회사입니다. 그래서 긍정적인 기업 이미지를 위해 공익적 메시지를 담은 광고를 많이 선보입니다. 차이를 인정하고 다양성을 수용하자는 평범하고 지루할 수 있는 내용인데, 싫어하는 사람을 칭찬해보라는 의외의 제안이 메시지에 귀기울이게 만듭니다. 담배 회사도 칭찬해 달라는 속마음이 담겼을까요? (^^)

여기서 '생각하다'로 번역한 想う에는 단순한 사고를 넘어, 상대를 소중히 여기고 마음을 쓰는 따뜻한 감정이 담겨 있습니다. 문장의 흐름과 분위기를 고려하면 '배려하다'나 '마음을 두다'로 해석해도 자연스럽겠습니다. 이런 뉘앙스까지 함께 느껴보면 더 깊이 이해할 수 있습니다.

いちばん大切なことは	가장 소중한 것은
ともだちでいること	친구로 있는 것
それは 誓い、よろこび、	그것은 약속이자 기쁨
だから ともだちでいよう	그러니까 우리 친구로 있자
必要な時にチカラになろう	필요할 때 힘이 되어주자
くだらない冗談に笑おう	시시한 농담에 함께 웃자
びっくりさせたい	깜짝 놀라게 해주고 싶다
いっしょにいたい	함께 있고 싶다
なんでもシェアしたい	모든 걸 공유하고 싶다
ともだちもあなたと	친구도 당신과
同じことをしたいはず	같은 걸 원할 거야
ただ そこにいるだけでいい	그저 거기 있는 것만으로 충분해
ともだち	친구
あなたは 誰かのともだち	당신은 누군가의 친구

― 페이스북 OOH* (2014)
　*OOH(Out of home): 건물 벽, 간판, 교통수단 등 집 밖에서 접할 수 있는 모든 광고 매체

大切(たいせつ) 소중함 | 誓(ちか)い 맹세 | 喜(よろこ)び 기쁨 | 必要(ひつよう) 필요 | 時(とき) 때 | 力(ちから) 힘 | くだらない 시시하다 | 冗談(じょうだん) 농담 | 笑(わら)う 웃다 | びっくりする 깜짝 놀라다 | シェアする 나누다(share) | 同(おな)じ 같음 | 誰(だれ)か 누군가

'구독자'나 '팔로워'에 기반한 다른 SNS와 달리 '친구'라는 개념을 내세운 페이스북다운 카피입니다. '친구'의 본질을 묻는 감성적인 카피를 통해 플랫폼의 존재 의미를 되짚었죠. 그저 '함께 있어주는 것'의 가치, 말 없이도 이어지는 유대감이야말로 페이스북이 만들고 싶은 진짜 연결이었을 겁니다. 기술보다 관계를 앞세운 이 메시지는 디지털 시대에도 변하지 않는 감정의 중심을 꿰뚫고 있습니다.

くだらない는 원래 '가치없고, 하찮다'는 뜻이지만, 가볍고 유쾌한 농담을 묘사할 때도 쓰입니다. 그래서 くだらない冗談은 '쓸데없지만 웃긴 농담'이라는 뜻으로, 친한 사이에서 허물없이 웃고 떠들 수 있는 분위기를 표현합니다.

「軽い人」という言葉は、
きっと、褒め言葉だと思う。

肩の荷が軽くなれば、
前よりも、前へ行ける。
くよくよ一人で悩んでいるとき、
軽くあしらってくれる友人がいれば、
一緒に笑い合える。
きっと、軽いっていうのは、
人間にとって、たいせつな要素なんだ。

'가벼운 사람'이라는 말은
분명히 칭찬의 말이라고 생각한다.

어깨의 짐이 가벼워지면
전보다 앞으로 나아갈 수 있다.
끙끙대며 혼자서 고민하고 있을 때
가볍게 대해주는 친구가 있다면
함께 웃을 수 있다.
분명히, 가벼움이라는 것은
인간에게 중요한 요소다.

-JIN 에어프레임 신문광고 (2011)

軽(かる)い 가볍다 | 言葉(ことば) 말 | 褒(ほ)め言葉(ことば) 칭찬 | 思(おも)う 생각하다 | 肩(かた) 어깨 | 荷(に) 짐 | 前(まえ) 앞, 전 | 行(い)く 가다 | 一人(ひとり)で 혼자서 | 悩(なや)む 고민하다 | あしらう 다루다, 상대하다 | 友人(ゆうじん) 친구 | 一緒(いっしょ)に 함께, 같이 | 笑(わら)い合(あ)う 함께 웃다 | 人間(にんげん) 인간 | 大切(たいせつ) 중요함 | 要素(ようそ) 요소

'가볍다'는 말은 종종 무책임하거나 경솔하다는 뉘앙스로 들리지만, 이 광고는 그 인식을 전복시킵니다. 무거운 생각을 내려놓고, 고민을 툭 털어주며, 함께 웃을 수 있는 존재야말로 진짜 '가벼운 사람'이라고 말하죠. 말보다 마음이 먼저 닿는 관계, 웃음으로 불안을 덜어주는 유연한 존재를 통해 이 광고는 '가벼움'이 주는 위로의 힘을 조명합니다.

軽い는 상황에 따라 '경박하다'는 부정적인 의미도 있지만, 이 문맥에선 '마음을 가볍게 해주는' 긍정적 이미지로 쓰입니다. くよくよ悩む는 '끙끙대며 고민하다'는 표현이고, あしらう는 누군가의 말이나 감정에 적당히 반응하거나 가볍게 대응하는 태도를 뜻합니다. 여기서는 상대의 고민을 무겁게 받아들이지 않고 넘겨주는, 가까운 사이에서만 가능한 다정한 거리감으로 쓰였네요.

心から信頼している人を
思い浮かべてください。
その人は、「イエスマン」ですか。

私たちは、お客さまにとって耳の痛い話も、ときにはします。
お客さまの言葉は否定してはならない、という考えもあるでしょう。
しかし大切な資産を末永く守る責任がある以上、
お話しすべきことは、きちんとお話しします。

真のアドバイスとはそういうものだ、と考えています。

心(こころ)から 진심으로 | 信頼(しんらい) 신뢰 | 人(ひと) 사람 | 思(おも)い浮(う)かべる 떠올리다 | 私(わたし)たち 우리 | お客(きゃく)さま 손님 | 耳(みみ)が痛(いた)い (약점을 찔려)거북하다 | 話(はなし) 이야기 | 時(とき)には 때로는 | 言葉(ことば) 말 | 否定(ひてい) 부정 | 考(かんが)え 생각 | 大切(たいせつ) 중요함, 소중함 | 資産(しさん) 자산 | 末永(すえなが)く 오래도록 | 守(まも)る 지키다 | 責任(せきにん) 책임 | 以上(いじょう) 이상 | 話(はな)す 말하다 | きちんと 정확히 | 真(しん)の 진정한 | 考(かんが)える 생각하다

진심으로 신뢰하는 사람을
떠올려보세요.
그 사람은 '예스맨'입니까?

우리는 고객에게 귀에 거슬리는 말도 때로는 합니다.
고객의 말은 부정해서는 안 된다는 생각도 있을 수 있습니다.
하지만 소중한 자산을 오래도록 지켜야 할 책임이 있는 이상,
해야 할 말은 제대로 하겠습니다.

진정한 조언이란 그런 것이라고 생각합니다.

- 미쓰비시 UFJ 모건스탠리 PB증권 포스터 (2016)

PB(프라이빗 뱅킹)는 신뢰의 업(業)입니다. 이 카피는 '진정한 신뢰란 무엇인가'라는 질문으로 시작해, 고객이 느끼는 당장의 기분보다 고객의 장기적인 이익과 미래를 우선하는 태도를 말합니다. '좋은 약은 입에 쓰다'는 말의 금융 광고 버전이라고 할 수 있겠네요.

여기서 「耳の痛い話」를 보면서 '왜 が가 아니라 の를 쓸까?' 하고 의문이 생기지 않으셨나요? の는 보통 '~의'라고 배우지만, 꼭 그렇게만 해석되지는 않아요. 실제로는 앞말이 뒷말을 꾸며주는 역할을 합니다. 그리고 이 표현은 관용구인데요, 직역하면 '귀가 아픈 이야기'이지만, 실제로는 '정곡을 찔러 듣기 거북한 이야기'나 '뼈아픈 충고'라는 의미로 쓰입니다.

めちゃくちゃ大事な友達。

君の好きな人、
ワタシじゃないみたい。

好きって言ったらもう
会えなくなっちゃうのかな。
でも、でも、でも。

"好きだ!"

私を前へ。

엄청나게 소중한 친구.

네가 좋아하는 사람,
내가 아닌 것 같아.

좋아한다고 하면 이제
만날 수 없게 되는 걸까.
하지만, 하지만, 하지만.

"좋아해!"

나를 앞으로.

- 신 소켄비차 TV광고 (2023)

めちゃくちゃ 정도가 지나친 모양, 엉망진창임 | 大事(だいじ)だ 중요하다, 소중하다 | 友達(ともだち) 친구 | 君(きみ) 너, 당신 | 好(す)きだ 좋아하다 | 人(ひと) 사람 | 私(わたし) 나 | 言(い)う 말하다 | 会(あ)う 만나다 | 前(まえ) 앞

코카콜라에서 건강과 아름다움을 중시하는 젊은 여성층을 대상으로 출시한 혼합차 음료 신 소켄비차의 카피입니다. 영상에는 자신을 좋은 친구로만 생각하는 남자를 좋아하는 여성이 주인공으로 등장합니다. 좋아한다고 고백하면 다시 만날 수 없을까 봐 망설이지만 용기를 내보려고 하는 모습이 TV 광고에 담겨져 있고, 풀스토리는 OTT 채널의 드라마로 상영했습니다. 풋사랑의 설렘이 느껴지는 카피가 살포시 웃음 짓게 하네요.

70億人が暮らす
この星で、結ばれる。
珍しいことではなくても、
奇跡だと思った。

結婚しなくても
幸せになれるこの時代に、私は、
あなたと結婚したいのです。

70억 명이 사는

이 지구에서, 맺어진다는 것이

드문 일은 아니더라도

기적이라고 생각했다.

결혼하지 않아도

행복해질 수 있는 이 시대에 나는

당신과 결혼하고 싶습니다.

– 젝시 TV광고 (2018)

億(おく) 억 | ~人(にん) ~명 | 暮(く)らす 살다 | 星(ほし) 별 | 結(むす)ぶ 잇다, 맺다 | 珍(めずら)しい 드물다 | 奇跡(きせき) 기적 | 思(おも)う 생각하다 | 結婚(けっこん) 결혼 | 幸(しあわ)せ 행복 | 時代(じだい) 시대 | 私(わたし) 나

결혼정보회사 젝시의 광고카피 입니다. 70억 인구 중에서 한 사람을 만나 결혼까지 하게 될 확률은 어쩌면 '기적' 이라는 표현이 맞을지 모릅니다. 결혼하지 않아도 행복할 수 있는 현대 사회의 변화된 결혼관을 인정하기에, 결혼이라는 선택에 담긴 진심이 더욱 섬세하게 표현되어 브랜드의 진정성도 강하게 전달되는 것 같습니다.

「~たい」는 동사 뒤에 붙여 '~하고 싶다'는 뜻을 나타내는 표현입니다. 「~のです」는 이유나 상황, 사정 등을 설명하거나 답할 때 사용하는 표현이며, 회화체에서는 보통 「~んです」로 사용됩니다. 그래서 「~たいのです」는 단순히 하고 싶다는 말이 아니라, 그 마음의 이유나 진심을 조심스럽지만 단단하게 전하고 싶을 때 쓰입니다. 예를 들어 結婚したい는 그냥 "결혼하고 싶다"는 말이지만, 여기에 のです를 붙인 結婚したいのです는 "결혼하고 싶습니다. 그게 제 진심이에요" 같은 뉘앙스를 담고 있습니다.

ゴールインするための恋じゃなく
友達に自慢するための恋じゃなく
昔の恋をなぞるような恋じゃなく
どっちかが不幸になる恋じゃなく
<u>黙ったまま</u>誰かを想う恋じゃなく

たぶん、一人より二人のほうが、
人生は楽しいから。

골인하기 위한 사랑이 아니라

친구에게 자랑하기 위한 사랑이 아니라

옛사랑을 답습하는 사랑이 아니라

어느 한쪽이 불행해지는 사랑이 아니라

가만히 누군가를 생각하는 사랑이 아니라

아마, 혼자보다 둘이서 사는 게

인생은 더 즐겁기에.

고단샤 FRaU 포스터 (2009)

ゴールイン 골인(*여기서는 '결혼'을 의미) | 恋(こい) 사랑 | 友達(ともだち) 친구 | 自慢(じまん) 자랑 | 昔(むかし) 옛날 | なぞる 덧그리다, 본 뜨다, 모방하다 | 不幸(ふこう) 불행 | 黙(だま)る 침묵하다 | 誰(だれ)か 누군가 | 想(おも)う 생각하다 | 一人(ひとり) 한 명, 한 사람 | 二人(ふたり) 두 명, 두 사람 | 人生(じんせい) 인생 | 楽(たの)しい 즐겁다

고단샤의 여성 대상 라이프스타일 잡지 FRaU의 포스터 카피입니다. FRaU는 '나다운 삶'을 모토로 하고 있지만, 그 '나다움'이 일반적인 뷰티나 패션 등 취향 중심의 라이프스타일에 그치지 않습니다. 지속 가능성, 환경, 여성의 자기 결정권 등 사회적 주제에도 관심을 보이는 잡지답게 사람의 관계에 대한 시선도 남다른 것 같습니다. '둘이 사는 게 인생이 즐겁기 때문'이라는 결론은 단순해 보이지만, 바디카피를 통해 이상적인 삶에 대한 여러 고민들이 녹아져 있는 게 느껴지죠.

黙ったままま 黙る(침묵하다)라는 동사에 「~たまま」(~한 채로)가 붙은 표현입니다. 즉 '아무 말도 하지 않은 채로'라는 뜻이 되죠. 이 카피에서는 마음을 말하지 못하고 속으로만 간직한 사랑을 상징합니다.

59

本当は
距離に負けそうな自分が怖いのです。

それがわかっているから、
今日確かにあなたと会ったことを
心と体のどこかに<u>焼き付けておきたい</u>のです。

あなたの方に触れていたいのです。
あなたの唇に触れていたいのです。

距離にためされて、
ふたりは強くなる。

사실은

거리에 질 것 같은 내 자신이 두렵습니다.

그것을 알고 있기에

오늘 확실히 당신을 만난 것을

마음과 몸의 어딘가에 새겨두고 싶습니다.

당신 곁에 닿고 싶습니다.

당신의 입술에 닿고 싶습니다.

거리의 시험 앞에

두 사람은 강해진다.

- JR도카이 신데렐라 익스프레스 TV광고 (1992)

本当(ほんとう) 사실 | 距離(きょり) 거리 | 負(ま)ける 지다 | 自分(じぶん) 자기, 자신 | 怖(こわ)い 무섭다, 두렵다 | 分(わ)かる 알다, 이해할 수 있다 | 今日(きょう) 오늘 | 確(たし)か 확실함 | 会(あ)う 만나다 | 心(こころ) 마음 | 体(からだ) 몸 | 焼(や)き付(つ)ける 새기다 | 方(ほう) 쪽 | 触(ふ)れる 접촉하다, 닿다 | 唇(くちびる) 입술 | 試(ため)す 시험하다 | 二人(ふたり) 두 명, 두 사람 | 強(つよ)い 강하다

도쿄와 오사카역을 잇는 신칸센 열차의 막차인 신데렐라 익스프레스는 12시 직전에 도착하는데 착안하여 1987년에 붙여진 이름입니다. 공식 명칭은 아니고 광고와 마케팅에만 활용한 이름이죠. 이 카피는 장거리 연애를 하는 남녀 주인공이 주말 데이트를 마친 후 기차역에서 짧은 이별을 못내 아쉬워하는 TV광고의 장면에 여자의 독백으로 흘러나옵니다. 멀리 떨어져 있으면 더 애틋해지는 연인들의 마음을 잘 표현했죠. 신데렐라 익스프레스라는 낭만적인 별칭은 1992년까지 사용됐습니다.

試される는 試す(시험하다)의 수동형으로 , '시험받다'는 뜻 입니다. 그래서 試されて는 '시험받으면서' 혹은 '시험을 받고' 등으로 직역되는데, 여기서는 원 광고의 카피적 느낌을 살리기 위해 '시험 앞에'로 옮겼습니다.

生まれてきておめでとう
生まれてきてくれてありがとう
これからはじまる毎日を
一緒に楽しもう
いやなこと悲しいことも
一緒なら乗り越えられる
あなたのそばで夢みる毎日

生まれただけで、
最高なのだ。

태어난 걸 축하해.

태어나줘서 고마워.

지금부터 시작되는 매일을

함께 즐기자.

싫은 일도 슬픈 일도

함께라면 뛰어넘을 수 있는

너의 곁에서 꿈꾸는 매일.

태어난 것만으로

최고인 거야.

– 요코하마은행 TV광고 (2016)

生(う)まれる 태어나다 | 始(はじ)まる 시작되다 | 毎日(まいにち) 매일 | 一緒(いっしょ)に 함께 | 楽(たの)しむ 즐기다 | 嫌(いや) 싫음, 하고 싶지 않음 | 悲(かな)しい 슬프다 | 乗(の)り越(こ)える 극복하다 | 側(そば) 곁, 옆 | 夢見(ゆめみ)る 꿈꾸다 | 最高(さいこう) 최고

광고 영상에는 신생아부터 어린이까지 평범한 아이들의 사진이 이어집니다. 웃고, 장난치고, 때로는 울기도 하며 성장하는 아이들의 모습에 저절로 입가에 번지는 미소를 숨길 수 없죠. 이 광고는 그저 태어난 것만으로도 사랑받으며 사람들에게 행복을 전하는 존재인 아이들의 모습을 통해, 생활 속에서 누리는 평범한 시간의 가치를 전합니다. 어른들이 욕심을 부리지 않으면 그 즐거움이 오래갈 텐데, 현실은 그렇지 못하죠.
乗り越えられる는 乗り越える의 가능형입니다. 乗り越える는 '타고(乗る) 넘어가다(越える)'는 뜻인데, 장애물이나 어려움을 '극복하다'는 의미로도 자주 쓰이는 동사예요.

名前は、親が子供に送る、
はじめての手紙なのかもしれない。

わずか一文字か二文字。
だからこそ、親は悩む。
こんな子に育ってほしい。
いや、元気であれば、それでいい。
とにかく、生まれてきてくれて、ありがとう。

あふれる思いを胸に、紙に向かう。
お腹の生命に語りかけながら、ペンを動かす。
何度も書いて。何度も考えて。また、書く。

そうやって、大切につけられた名前。
それは、親が子供に送る、
「一通の手紙」なのだと思うのです。

名前(なまえ) 이름 | 親(おや) 부모 | 子供(こども) 아이 | 送(おく)る 보내다 | 初(はじ)めての 첫 | 手紙(てがみ) 편지 | わずか 불과, 얼마 안되는 모양 | 文字(もじ) 글자 | 悩(なや)む 고민하다 | 子(こ) 아이 | 育(そだ)つ 자라다 | 元気(げんき) 건강한 모양 | 生(う)まれる 태어나다 | 溢(あふ)れる 넘치다 | 思(おも)い 생각, 생각하는 마음 | 胸(むね) 가슴 | 紙(かみ) 종이 | 向(む)かう 향하다 | お腹(なか) 배 | 生命(せいめい) 생명 | 語(かた)りかける 말을 걸다 | 動(うご)かす 움직이다 | 何度(なんど) 몇 번 | 書(か)く 쓰다 | 考(かんが)える 생각하다 | 大切(たいせつ) 소중함 | 付(つ)ける 붙이다 | 一通(いっつう) 한 통 | 思(おも)う 생각하다

이름은 부모가 아이에게 보내는
첫 편지일지도 모른다.

고작 한두 글자.
그렇기 때문에 부모는 고민한다.
이런 아이로 자랐으면 좋겠다.
아니, 건강하다면 그것으로 충분하다.
어쨌든 태어나줘서 고맙다.

넘치는 마음을 가슴에 품고 종이로 향한다.
뱃속의 생명에게 말을 걸면서 펜을 움직인다.
몇 번이고 쓰고, 몇 번이고 생각하고, 또 쓴다.

그렇게 소중하게 지어진 이름.
그것은 부모가 아이에게 보내는
'한 통의 편지'라고 생각합니다.

- 파이롯트 신문광고 (2012)

의미 없이 이름을 지어주는 부모는 없습니다. 시대별로 유행하는 이름을 따라 짓는 것조차 부모의 소망이 담겨 있죠. 세상의 트렌드에 맞춰 세련된 사람으로 기억되길 바라는 것이니까요. 필기구 전문기업 파이롯트는 필기구의 특장점을 말하지 않습니다. 쓴다는 행위와 밀접한 관련이 있는 이름과 편지를 매개로 브랜드의 따뜻하면서도 깊이 있는 이미지를 만드는 것이죠.

だからこそ는 だから(그래서)에 강조의 こそ가 붙어, '그래서야말로', '바로 그렇기 때문에'라는 뜻이 됩니다. 앞 문장의 원인이나 상황을 단순한 이유가 아닌 특별한 이유, 강조할 포인트로 부각시킬 때 써요. 여기서도 이름이 짧기 때문에 오히려 깊이 고민한다는 역설적 강조로 사용되었습니다.

ひとりで食事するとき、
あの人がそばにいたらと思いませんか。

ひとりで食事するとき、
誰かのために料理したいと思いませんか。

ひとりで食事するとき、
それは、ただ食事をするという行為だと思いませんか。

家族。食育。平和。
愛は食卓にある。

食事(しょくじ) 식사 | 人(ひと) 사람 | 思(おも)う 생각하다 | 誰(だれ)か 누군가 | 料理(りょうり) 요리 | 行為(こうい) 행위 | 家族(かぞく) 가족 | 食育(しょくいく) 바른 식생활 교육 | 平和(へいわ) 평화 | 愛(あい) 사랑 | 食卓(しょくたく) 식탁

혼자서 식사할 때

그 사람이 곁에 있었으면 하고 생각하지 않나요?

혼자서 식사할 때

누군가를 위해 요리하고 싶지 않나요?

혼자서 식사할 때

그것은 단지 식사한다는 행위라고 생각하지 않나요?

가족. 식육. 평화.

사랑은 식탁에 있다.

- 큐피 신문광고 (2008)

1925년에 일본 최초의 마요네즈로 시작한 큐피는 대표적 식품 브랜드 중 하나입니다. 큐피는 제품 광고와 별개로, 식품과 식사의 가치를 무게 있는 목소리로 표현하는 기업PR 광고를 만들어왔습니다. 이 카피도 '사랑은 식탁에 있다'는 말로 집에서 가족들과 함께하는 식사의 소중함을 진중하게 전합니다. 점점 혼자 먹는 경우가 많아지는 요즘, 가족이 함께했던 시간을 떠올려보게 되네요.

'식육(食育)'은 한국에서는 쓰지 않는 낯선 단어인데요. 올바른 식습관과 음식에 대한 지식을 기르고, 식탁을 통해 건강한 몸과 마음, 그리고 풍요로운 인간관계를 키우는 식생활 교육을 의미합니다. 단순한 영양 섭취를 넘어, 음식과 식사의 중요성을 배우고 실천하는 전인적 교육의 일환입니다.

幸福は、
ごはんが炊かれる場所にある。

食事をする時、人は幸せでいてほしい。
私たちは、心からそう考えています。
ひとりの時も、あわただしく食べる時も、
仕事をたっぷりかかえている時も。
もちろん大好きな人と一緒にいる時も。

だって、食べることは、人が生きてゆくために
いちばん大切なことなのですから。

幸福(こうふく) 행복 | ご飯(はん) 밥 | 炊(た)く 밥을 짓다 | 場所(ばしょ) 장소 | 食事(しょくじ) 식사 | 時(とき) 때 | 人(ひと) 사람 | 幸(しあわ)せ 행복 | 私(わたし)たち 우리 | 心(こころ) 마음 | 考(かんが)える 생각하다 | 一人(ひとり) 혼자, 한 명 | 慌(あわ)ただしい 경황없다, 분주하다 | 食(た)べる 먹다 | 仕事(しごと) 일 | 抱(かか)える 안다, 떠맡다 | 大好(だいす)き 매우 좋아함 | 一緒(いっしょ)に 함께 | 生(い)きる 살다 | 一番(いちばん) 가장, 제일 | 大切(たいせつ) 소중함, 중요함

행복은

밥이 지어지는 곳에 있다.

식사를 할 때 사람은 행복했으면 좋겠다.

우리는 진심으로 그렇게 생각하고 있습니다.

혼자일 때도, 정신없이 끼니를 때울 때도

일을 잔뜩 떠안고 있을 때에도

물론 사랑하는 사람과 함께 있을 때도.

왜냐하면 먹는다는 것은 사람이 살아가기 위해

가장 중요한 일이니까요.

- Hotto Motto 포스터 (2009)

도시락 전문 브랜드인 Hotto Motto의 이 카피는 '식사'라는 일상을 인생의 중심으로 가져옵니다. 먹는 순간만큼은 누구나 행복하길 바라는 마음을 담아, 단순한 한 끼를 때우는 상품을 만드는 곳이 아니라 평범하지만 소중한 삶을 함께하는 브랜드로서 자리하고 싶은 의지를 전합니다. "행복은 밥이 지어지는 곳에 있다"는 헤드라인이 자칫 가족이 함께 집밥을 먹던 시대의 고정 관념이 담긴 행복관을 드러내는 것이 되지 않도록 세심하게 본문 카피를 전개한 흔적이 눈에 띄네요.

여기서 あわただしい는 '경황없다', '분주하다'는 뜻으로, 단순히 바쁜 상황을 넘어 마음의 여유가 없는 상태까지 포함하는 표현입니다. たっぷり는 '가득, 충분히'라는 뜻의 부사로, 시간·일·감정 등 양적, 정서적 충실함을 표현할 때 자주 써요. 그래서 仕事をたっぷりかかえている는 '일을 잔뜩 떠안고 있다'는 뜻이 됩니다.

すべての思い出は、
人と時間と場所でできている。

あの居酒屋を見ると、会社の同期を思い出す。
あの和食の店を見ると、友達との恋愛話を思い出す。
あのイタリアンの店を見ると、初めての合コンを思い出す。
あの美容室を見ると、デート前の待ち合わせを思い出す。
あの料理教室を見ると、結婚したかった気持ちを思い出す。
あのカフェを見ると、夫と次に行く店を探していたことを思い出す。

全(すべて) 모든 것 | 思(おも)い出(で) 추억 | 人(ひと) 사람 | 時間(じかん) 시간 | 場所(ばしょ) 장소 | 居酒屋(いざかや) 선술집 | 見(み)る 보다 | 会社(かいしゃ) 회사 | 同期(どうき) 동기 | 思(おも)い出(だ)す 생각해내다, 떠올리다 | 和食(わしょく) 일본식 음식 | 店(みせ) 가게 | 友達(ともだち) 친구 | 恋愛話(れんあいばなし) 연애담 | 初(はじ)めて 처음 | 合(ごう)コン 미팅 | 美容室(びようしつ) 미용실 | 待(ま)ち合(あ)わせ 약속 장소에서 만남 | 料理教室(りょうりきょうしつ) 요리학원 | 結婚(けっこん) 결혼 | 気持(きも)ち 기분, 마음 | 夫(おっと) 남편 | 次(つぎ) 다음번 | 行(い)く 가다 | 探(さが)す 찾다

모든 추억은

사람과 시간과 장소로 이루어져 있다.

저 술집을 보니 회사 동기가 생각난다.

저 일식집을 보니 친구와의 연애 이야기가 생각난다.

저 이탈리안 가게를 보니 첫 미팅이 생각난다.

저 미용실을 보니 데이트 전 약속이 생각난다.

저 요리학원을 보니 결혼하고 싶었던 마음이 생각난다.

저 카페를 보니 남편과 다음에 갈 가게를 찾던 것이 생각난다.

- 리쿠르트 Hot Pepper 포스터 (2009)

리쿠르트가 운영하는 라이프스타일 플랫폼 Hot Pepper의 포스터 카피입니다. 음식점이나 뷰티업체와 관련된 정보와 예약 서비스를 제공하는 브랜드로서, 생활 속에 익숙한 장소들과 추억의 관계를 섬세하게 포착했습니다. 특히, 청춘의 설렘부터 결혼에 이르는 여성의 인생 여정이 장소를 통해 전개되는 구성이 흥미롭네요.

思い出す(생각나다)는 단순히 '기억하다'보다 한층 감정적인 회상 표현입니다. 머릿속에서 정보를 떠올리는 기능적인 동작뿐 아니라, 어떤 장면이나 감정이 감각적으로 되살아나는 느낌까지 포함하지요. 그래서 냄새, 장소, 시선처럼 감각 자극과 함께 쓰이면 훨씬 더 생생하고 정서적인 여운을 만들어냅니다. 思い出(추억)는 그 결과물입니다.

他人のために生きる。
それが幸せに生きることかもしれない。

最近、そんなことを思いました。

名前も知らないひとのために。
顔も知らないひとのために。
そんなふうに生きるひとが
どうしょうもなく美しく見えます。

年をとったからでしょうか。
でもそのことに気がついてから、
この世界もまだまだ
心地のよいものにできるのではないか
と考えたりもします。

남을 위해 사는 것.
그것이 행복하게 사는 것일지도 모른다.

최근 그런 생각을 했습니다.

이름도 모르는 사람을 위해서.
얼굴도 모르는 사람을 위해서.
그렇게 사는 사람이
너무나도 아름다워 보입니다.

나이가 들어서일까요?
그래도 그 사실을 깨닫고 나서
이 세상도 아직
마음 편한 곳으로 만들 수 있지 않을까
하는 생각이 들기도 합니다.

– 영화 〈Perfect Days〉 신문광고 (2023)

他人(たにん) 타인, 남 | 生(い)きる 살다 | 幸(しあわ)せ 행복 | 最近(さいきん) 최근, 요즘 | 思(おも)う 생각하다 | 名前(なまえ) 이름 | 知(し)る 알다 | 人(ひと) 사람 | 顔(かお) 얼굴 | どうしょうもない 어쩔 도리가 없다, 속절없다(= どうしようもない) | 美(うつく)しい 아름답다 | 見(み)える 보이다 | 年(とし)を取(と)る 나이를 먹다 | 気(き)がつく 깨닫다 | 世界(せかい) 세계 | 心地(ここち) 기분, 느낌 | 考(かんが)える 생각하다

도쿄의 공중화장실을 청소하는 한 남자의 소박한 일상을 담아 잔잔한 감동을 준 영화 〈퍼펙트 데이즈〉의 주연 배우 야쿠쇼 코지가 관객에게 보내는 편지 형식을 빌린 카피의 일부입니다. 이름도 얼굴도 모르는 타인을 위해 묵묵히 살아가는 인물을 통해 '존재의 품격'을 이야기한 영화의 내용이 떠오릅니다. 어쩌면 평범한 이야기일지도 모르지만, 영화가 준 여운이 더해지며 함께 사는 삶에 대해 다시 한 번 돌아보게 만드는 힘이 있습니다.
心地는 '기분', '느낌'이라는 말로, 心地のよい는 감각적으로 편안하고 감정적으로 안정되는 느낌을 말할 때 폭넓게 쓰는 표현입니다. 파생되는 居心地(어떤 장소, 지위에 있을 때의 기분), 寝心地(자는 기분), 着心地(의복의 착용감)등의 단어도 일상에서 자주 쓰니 익혀두세요.

ひとりひとりのクライマックス、はじまる。

一瞬が積みかさなって、一生をつくる。だとしたら、
それは美しい一瞬であってほしいと思います。

喜怒哀楽をたいせつに。
こころとからだの声を信じて。
結果的に楽しく生きること。

そういう瞬間を集めて、
人生は美しさを増し、
続いてゆくのかもしれません。

一瞬も 一生も 美しく

一人一人(ひとりひとり) 한 사람 한 사람 | 始(はじ)まる 시작되다 | 一瞬(いっしゅん) 한순간 | 積(つ)み重(かさ)なる 겹쳐 쌓이다 | 一生(いっしょう) 일생 | 作(つく)る 만들다 | 美(うつく)しい 아름답다 | 思(おも)う 생각하다 | 喜怒哀楽(きどあいらく) 희로애락 | 大切(たいせつ) 중요함, 소중함 | 心(こころ) 마음 | 体(からだ) 몸 | 声(こえ) 목소리 | 信(しん)じる 믿다 | 結果的(けっかてき)に 결과적으로 | 楽(たの)しい 즐겁다 | 生(い)きる 살다 | 瞬間(しゅんかん) 순간 | 集(あつ)める 모으다 | 人生(じんせい) 인생 | 増(ま)す 많아지다, 늘리다 | 続(つづ)く 계속되다

한 사람 한 사람의 클라이맥스가 시작된다.

순간이 쌓여 일생을 만든다. 그렇다면,
그것은 아름다운 순간이었으면 좋겠습니다.

희로애락을 소중히.
마음과 몸의 소리를 믿고.
결과적으로 즐겁게 사는 것.

그런 순간을 모아서
인생은 아름다움을 더해가며
계속되어 가는 것일지도 모르겠습니다.

순간도 일생도 아름답게

- 시세이도 신문광고 (2005)

일본을 대표하는 화장품 기업 시세이도의 대표 슬로건「一瞬も一生も美しく」는 2005년부터 약 15년 간 사용되었습니다. '삶의 찰나와 일생에 걸쳐 아름다움을 추구한다'는 철학을 담고 있죠. 자신의 아름다움을 표현하는 순간의 즐거움이 모여, 결국 인생을 아름답게 만든다는 뷰티 브랜드다운 메시지가, 담백한 문장에 실려 더욱 진정성 있게 다가오는 것 같네요.

「~であってほしい」(~이었으면 좋겠다, ~한 상태이길 바란다)는 명사나 な형용사에 붙어, 어떤 성질이나 상태가 되거나 유지되기를 바라는 마음을 나타내는 표현입니다. 직설적이지 않고 부드러운 어감을 갖기 때문에, 광고·문학·편지처럼 진심 어린 메시지를 전하는 글에서 자주 쓰입니다.

恋をしましょう。

みなさん恋をしましょう。誰かを好きになりましょう。
そして自分を好きになりましょう。

みなさん恋をしましょう。
それは世界を新しくしますから。
知らなかった歌を好きになったりしますから。
ゴハンが美味しくなったりしますから。
深呼吸の意味を変えたりしますから。
それは嘘の悲しさを教えてくれますから。
たとえそれが終わっても、
きっと何かを残してくれますから。

恋(こい) 사랑 | 皆(みな)さん 여러분 | 誰(だれ)か 누군가 | 自分(じぶん) 자기, 자신 | 世界(せかい) 세계 | 新(あたら)しい 새롭다 | 知(し)る 알다 | 歌(うた) 노래 | ご飯(はん) 밥 | 美味(おい)しい 맛있다 | 深呼吸(しんこきゅう) 심호흡 | 意味(いみ) 의미 | 変(か)える 바꾸다, 변하다 | 嘘(うそ) 거짓 | 悲(かな)しい 슬프다 | 教(おし)える 가르치다 | たとえ 비록, 설령 | 終(お)わる 끝나다 | 何(なに)か 무엇인가 | 残(のこ)す 남기다

사랑을 합시다.

여러분, 사랑을 합시다. 누군가를 좋아합시다.
그리고 자신을 좋아합시다.

여러분, 사랑을 합시다.
그것은 세상을 새롭게 하니까요.
몰랐던 노래를 좋아하게 될 수도 있으니까요.
밥이 맛있어지기도 하니까요.
심호흡의 의미를 바꾸기도 하니까요.
그것은 거짓말의 슬픔을 가르쳐 줄 테니까요.
설령 그것이 끝나더라도
분명 무언가를 남겨줄 테니까요.

- 빔즈 포스터 (2012)

1970년대 도쿄 하라주쿠에서 시작한 셀렉트샵 브랜드 빔즈가 창립 35주년 기념 캠페인의 주제를 '사랑'으로 잡았습니다. 사랑이 우리의 삶 전반에 주는 긍정적인 변화를 메시지로, 결국 세상이 더 따뜻하고 새로워질 것이라는 기대를 전합니다. 사랑이 가져오는 일상의 변화를 섬세하게 묘사한 것이 특징인데요, 특히 '밥이 맛있어지기까지 한다'는 문장이 눈에 확 들어옵니다. 사랑을 해서 밥이 맛있어진 경험이 있었는지 너무 오래전이라 기억이 잘 안 나네요.(^^) 이 카피에 여러 번 나오는 「~たり(~たり)する」는 '~하거나 (~하거나) 하다'라는 뜻으로, 여러 동작을 제시하거나 동작의 예시를 나열할 때 쓰는 말입니다. 여기서는 사랑을 할 때 일어날 수 있는 다양한 상황을 표현하는 역할을 합니다.

Part 3

고마워, 어제의 나.

ありがとう、昨日のワタシ。

어제 고민하고
노력한 만큼

오늘
조금 더 나아진
나를 만나보세요.

暗記した言葉は、
いつか忘れる。
応援された言葉は、
一生忘れない。

つながった想いは、
強い力になる。

암기한 말은

언젠가 잊는다.

응원받은 말은

평생 잊지 못한다.

연결되어 있는 마음은

강한 힘이 된다.

– 나고야철도 옥외광고 (2019)

暗記(あんき) 암기 | 言葉(ことば) 말 | 忘(わす)れる 잊다 | 応援(おうえん) 응원 | 一生(いっしょう) 평생 | 繫(つな)がる 연결되다 | 想(おも)い 마음, 생각 | 強(つよ)い 강하다 | 力(ちから) 힘

신기하죠. 그렇게 외우고 또 외웠던 영어 단어와 수학 공식은 까맣게 잊어버리는데, 십 몇 년 전 누군가 해준 따뜻한 응원의 한마디는 오랫동안 기억이 납니다. 이 카피는 나고야철도가 수험생들을 응원하기 위해 만든 옥외광고에 실려 있습니다. 대입 시험이라는 커다란 도전 앞에서 긴장하고 있을 학생들을 응원하면서도, 지역과 지역, 사람과 사람을 연결하는 철도의 본질을 자연스레 연결한 완성도 높은 카피가 마음에 와닿습니다.

여기서 想い는 감정이 담긴 깊고 소중한 '마음'을 나타낼 때 쓰는 말입니다. 노래 가사나 시, 광고 문구 등에서 감성을 강조하고자 할 때 자주 선택됩니다. 같은 뜻이고 읽는 법도 같은 思い는 '생각', '마음'을 나타내는 가장 일반적이고 표준적인 표기입니다. 想い는 그보다 더 정서적인 울림을 전달하고자 할 때 의도적으로 사용됩니다.

新しい時代を、君とつくる。

新しい時代をつくるのは、
他の誰かじゃなくて、君なんだ。
若い力と才能が、未来を切り開き、
世の中を変えていく。

今、この時代にこそ、
君の力を思い切り発揮してほしい。
恐れずに。自信を持って。

새로운 시대를 너와 함께 만들 거야.

새로운 시대를 만드는 것은
다른 누군가가 아니라 바로 너야.
젊은 힘과 재능이 미래를 개척하고
세상을 바꾸어 나갈 거야.

지금, 이 시대야말로
너의 힘을 마음껏 발휘하길 바래.
두려워하지 말고, 자신감을 가져.

- Parco 포스터 (2011)

新(あたら)しい 새롭다 | 時代(じだい) 시대 | 君(きみ) 너, 당신 | 作(つく)る 만들다 | 他(ほか) 다른 것 | 誰(だれ)か 누군가 | 若(わか)い 젊다 | 力(ちから) 힘 | 才能(さいのう) 재능 | 未来(みらい) 미래 | 切(き)り開(ひら)く 개척하다 | 世(よ)の中(なか) 세상 | 変(か)える 바꾸다 | 今(いま) 지금 | 思(おも)い切(き)り 마음껏, 힘껏, 실컷 | 発揮(はっき) 발휘 | 恐(おそ)れる 두려워하다 | 自信(じしん) 자신감 | 持(も)つ 가지다

일본의 대표적 복합 쇼핑몰 파르코는 패션, 음악, 미술, 연극 등 다양한 문화를 소개하며 아티스트들을 발굴하고 지원했습니다. 이 카피는 2010년부터 신진 아티스트들을 소개하는 Love Human 캠페인의 광고에 담겨 있습니다. 단순한 마케팅 활동을 넘어 예술 분야를 응원하고 실질적인 성장에 기여한 건데요. 그런 좋은 취지의 활동을 전개해온 기업의 광고이기에, 젊은 재능을 격려하는 카피가 진정성이 느껴집니다.

일본어 동사의 기본형은 현재형으로도 미래형으로도 해석할 수 있습니다. 그래서 이 카피의 つくる는 '만든다'로도 '만들 거야'로도 해석할 수 있고, 変えていく는 '바꾸어 간다'로도, '바꾸어 갈 것이다'로도 해석할 수 있습니다.

見せてやれ、底力。

やれることは、やってきた。
逃げなかった。

そう心の底から、
腹の底から思える努力のことを、
人は底力って呼ぶんだと思う。

大丈夫。
キミは逃げなかった。

보여줘, 저력을.

할 수 있는 건 다 해왔어.
도망치지 않았어.

그렇게 마음 깊은 곳에서,
진심으로 생각할 수 있는 노력을
사람들은 '저력'이라고 부르는 것 같다.

괜찮아.
너는 도망치지 않았어.

— 칼로리 메이트 포스터 (2016)

見(み)せる 보이다, 보여주다 | 底力(そこぢから) 저력, 잠재력 | 逃(に)げる 도망가다 | 心(こころ)の底(そこ) 마음속 | 腹(はら)の底(そこ) 뱃속, 본심, 본의 | 思(おも)える 생각되다, 그렇게 느끼다 | 努力(どりょく) 노력 | 人(ひと) 사람 | 呼(よ)ぶ 부르다 | 思(おも)う 생각하다 | 大丈夫(だいじょうぶ) 괜찮음 | 君(きみ) 너, 당신

수험생과 청춘에 대한 응원은 칼로리 메이트의 일관된 주제입니다. 이 카피는 저력에 대한 남다른 시각을 보여줍니다. 대단한 성과를 만드는 힘이 아니라, 포기하지 않는 노력을 저력이라고 정의하네요. 어려운 순간에도 끝까지 최선을 다한 경험은 훌륭한 결과보다도 더 가치가 있습니다. 학생들뿐 아니라 아직도 성장의 과정에 있는 사람들이라면 누구나 마찬가지입니다. 맞습니다. 도망치지 않은 것만으로도 박수 받아 마땅합니다.

心の底는 직역하면 '마음 깊은 곳', 腹の底는 '뱃속 깊은 곳'이라는 뜻으로, 둘 다 '속마음'이나 '진심'을 뜻하는 표현입니다. 일본어에서는 감정이 얕지 않고, 결심이 진실하다는 것을 강조할 때 이 두 표현을 씁니다. 腹の底는 상황에 따라 '숨긴 감정'이나 '음흉함' 같은 뉘앙스로도 쓰일 수 있습니다.

覚えるだけの知識が欲しいわけじゃない。
固定観念に縛られたくない。
人間にしかできないことがしたい。

なんとなく大人になるな。

그저 외워야 하는 지식은 원하지 않아.
고정 관념에 얽매이고 싶지 않아.
인간만이 할 수 있는 일을 하고 싶어.

무심코 어른이 되지 마라.

- 데이쿄헤이세이대학 TV광고 (2024)

覚(おぼ)える 기억하다 | 知識(ちしき) 지식 | 欲(ほ)しい 원하다 | 固定観念(こていかんねん) 고정 관념 | 縛(しば)られる 얽매이다, 속박되다 | 人間(にんげん) 인간 | 出来(でき)る 할 수 있다 | なんとなく 아무 생각 없이, 평범하게 | 大人(おとな) 어른

시대가 변하고 있습니다. 손안으로 세상의 모든 지식이 들어오고 기술과 생각의 경계가 무너지고 있습니다. 특히 인공지능의 발전이 숨막힐 듯 빠르게 모든 것을 바꾸고 있는 지금, 대학의 역할은 무엇일까요? 대학의 특징과 강점을 알리는 대신에 학생들에게 스스로와 세상에 대한 근본적인 질문을 던지게 하는 이 카피는 그래서 의미가 있습니다. 물론, 그냥저냥 살면 안되는 것은 비단 예비 대학생들만의 이야기는 아닐 것입니다. 음… 괜히 뜨끔해지네요. **なんとなく**는 '어쩐지', '무심코', '별 생각 없이', '그냥저냥' 같은 뜻을 가진 부사입니다. 확실한 이유나 논리가 없고, 막연한 상태일 때 자주 쓰이지요. 이 카피에서는 깊이 생각하지 않고, 목표 없이 흘러가는 삶의 태도를 잘 표현해 주고 있네요.

決められた常識やルールに縛られず、
思いを形にしていく。

これからの社会に必要なのは
そんな人たちだ。

あなたはどうだ。
なんだってできるはず。

だれかで終わるな。

정해진 상식이나 규칙에 얽매이지 않고
생각을 형상화해 간다.

앞으로의 사회에 필요한 것은
그런 사람들이다.

당신은 어떠한가.
무엇이든 할 수 있을 것이다.

누군가로 끝나지 마라.

- 도쿄조형대학 홍보영상 (2021)

決(き)める 정하다 | 常識(じょうしき) 상식 | ルール 규칙 | 縛(しば)られる 얽매이다 | 思(おも)い 생각 | 形(かたち) 형태 | 社会(しゃかい) 사회 | 必要(ひつよう) 필요 | 人(ひと)たち 사람들 | 誰(だれ)か 누군가 | 終(お)わる 끝나다

예술은 언제나 기존의 질서를 의심하는 질문에서 시작됩니다. 일본의 3대 사립 미술대학 중 하나로 꼽히는 도쿄 조형대학의 카피는 상식과 규칙을 넘어서 새로운 예술의 형태를 만들어낼 스스로의 상상력을 믿으라고 젊은 학생들을 응원합니다. 실무와 창의성을 겸비한 예술 인재 양성을 목표로 하는 명문다운 메시지입니다. 그저 '누군가'로 끝나지 말라는 메시지는, 유명한 사람이 되라는 것이 아니라 담대한 발상을 하는 사람이 되라는 응원입니다.
이 카피에는 ず로 끝나는 표현이 두 번 나옵니다. 하지만 서로 다른 용법이니 주의해야 합니다. 먼저 縛られず의「〜ず」는 동사를 부정하는 표현입니다. 반면 できるはず의「〜はず」는 '당연히~할 것'이라는 의미로 상당한 확신을 가지고 추측할 때 쓰는 표현이죠. 겉보기엔 비슷해 보여도, 하나는 부정, 다른 하나는 확신 표현이라는 점에서 차이가 있습니다.

美の大きさ。

「美」とは、なんだろうか。
あなたにとって。人間にとって。世界にとって。
「美」は、なんの役に立つだろうか。

知識だけが、教育ではない。
人間は、ハードディスクではない。

아름다움의 크기.

'미(美)'란 무엇일까?
당신에게. 인간에게. 세상에게.
'아름다움'은 무슨 쓸모가 있을까?

지식만이 교육이 아니다.
인간은, 하드디스크가 아니다.

- 타마미술대학 신문광고 (2013)

美(び) 아름다움 | 大(おお)きさ 크기 | 人間(にんげん) 인간 | 世界(せかい) 세계 | 役(やく)に立(た)つ 도움이 되다, 유용하다 | 知識(ちしき) 지식 | 教育(きょういく) 교육

도쿄의 명문 미대인 타마미술대학은 광고를 통해 지식과 정보가 흘러넘치는 시대에 대학 교육이 나아가야 할 방향을 고민합니다. 예술을 다루는 대학인 만큼 '아름다움의 쓸모'라는 주제에서 출발하여 인간과 세상으로 시야를 넓혀줍니다. 특히, 인간은 하드디스크가 아니라는 선언은 인간을 인간답게 만드는 것이 무엇인가, 교육을 교육답게 만드는 것이 무엇인가를 되묻게 하는 힘이 있습니다.

役に立つ는 '도움이 되다, 쓸모 있다'는 뜻으로, 이 카피에서는 아름다움의 본질적 의미를 되묻는 데 사용되고 있습니다. 일상에서도 자주 쓰이는 단어이지만, 이렇게 깊은 메시지를 담을 수 있네요.

はじめに誰かが線を引いた。
やがて、それが国境になった。

人は不思議です。
地図に一つ線を引くだけで、壁が生まれ争いが起きる。
男女、言語、文化の違い。違いを意識すればするほど壁は高くなる。

私たちが求めているのは、物事の枠組みにとらわれず働ける人。
本質を見極めさらに社会を良くするために働ける人。

いまより、もっと世界を、素晴らしく。
その思いに共感する人に出会いたいのです。

初(はじ)め 처음 | 誰(だれ)か 누군가 | 線(せん) 선 | 引(ひ)く 긋다 | 国境(こっきょう) 국경 | 人(ひと) 사람 | 不思議(ふしぎ) 신기함 | 地図(ちず) 지도 | 一(ひと)つ 하나, 한 개 | 壁(かべ) 벽 | 生(う)まれる 생겨나다 | 争(あらそ)い 싸움 | 起(お)きる 일어나다, 발생하다 | 男女(だんじょ) 남녀 | 言語(げんご) 언어 | 文化(ぶんか) 문화 | 違(ちが)い 차이 | 意識(いしき) 의식 | 高(たか)い 높다 | 私(わたし)たち 우리 | 求(もと)める 구하다, 바라다 | 物事(ものごと) 일, 사물 | 枠組(わくぐ)み 틀, 체계 | 捕(と)らわれる 사로잡히다 | 働(はたら)く 일하다 | 本質(ほんしつ) 본질 | 見極(みきわ)める 터득하다, 속속들이 알다 | 社会(しゃかい) 사회 | 良(よ)い 좋다 | 今(いま) 지금 | 世界(せかい) 세계 | 素晴(すば)らしい 훌륭하다, 멋지다 | 思(おも)い 생각 | 共感(きょうかん) 공감 | 出会(であ)う 만나다

처음에 누군가가 선을 그었다.
이윽고 그것이 국경이 되었다.

사람은 신기합니다.
지도에 선 하나 긋는 것만으로도 벽이 생기고 분쟁이 일어난다.
남녀, 언어, 문화의 차이. 차이를 의식하면 할수록 벽은 높아진다.

우리가 원하는 것은 틀에 얽매이지 않고 일할 수 있는 사람.
본질을 파악하고 더 나은 사회를 만들기 위해 일할 수 있는 사람.

지금보다, 세상을 더 멋지게.
그 생각에 공감하는 사람을 만나고 싶습니다.

- 아사히카세이 잡지광고 (2009)

종합 화학 기업 아사히카세이의 채용 광고 카피입니다. 국경이라는 인위적 경계를 화두로 사람들이 만들어내는 다양한 구분과 차별에 대한 성찰을 담고 있는 것이 인상적입니다. 단순히 맡겨진 일을 잘하는 사람이 아니라 선을 넘고, 틀을 깨며, 본질을 볼 수 있는 인재를 원한다는 메시지로 자연스럽게 연결됩니다. 구인 광고는 이미지 광고이기도 합니다. 기업의 혁신적 비전에 진취적인 인재들이 관심을 많이 가질 것 같네요.

「~にとらわれる」는 '~에 사로잡히다, 얽매이다라는 표현으로, 사고방식이나 감정이 굳어져 있는 상태를 말할 때 자주 씁니다.

たった1本の鉛筆にできること。
今日はどんな旅に出よう。
何をさがしにいこう。
迷いも、絶望もあるだろう。
でも、楽しい風は吹いている。
キミが自由に夢を描けるように。

この小さな教室を、
地球より大きくしたいと思う。

연필 단 한 자루로 할 수 있는 일.
오늘은 어떤 여행을 떠나볼까.
무엇을 찾으러 가자.
망설임도, 절망도 있을 것이다.
하지만 즐거운 바람은 불고 있다.
네가 자유롭게 꿈을 그릴 수 있도록.

이 작은 교실을
지구보다 더 크게 만들고 싶다.

- 이마니시 수학영어교실 TV광고 (2016)

たった 단, 다만, 겨우 | 一本(いっぽん) 한 자루 | 鉛筆(えんぴつ) 연필 | 今日(きょう) 오늘 | 旅(たび) 여행 | 出(で)る 나가다, 나오다 | 何(なに) 무엇 | 探(さが)す 찾다 | 行(い)く 가다 | 迷(まよ)い 망설임 | 絶望(ぜつぼう) 절망 | 楽(たの)しい 즐겁다 | 風(かぜ) 바람 | 吹(ふ)く 불다 | 君(きみ) 너, 당신 | 自由(じゆう)に 자유롭게 | 夢(ゆめ) 꿈 | 描(えが)く 그리다 | 小(ちい)さな 작은 | 教室(きょうしつ) 교실 | 地球(ちきゅう) 지구 | 大(おお)きい 크다 | 思(おも)う 생각하다

오사카에 위치한 입시 학원의 광고입니다. 성적을 올려주겠다는 약속 대신 학생들의 잠재력과 가능성을 이야기하는 카피가 눈길을 끕니다. 연필 한 자루로 시작되는 상상과 가능성의 여정이 더 큰 무대로 성장해 나갈 아이들의 꿈으로 이어지며 깊은 울림을 줍니다. 과연, 학생들과 부모들이 이 광고를 보고 가슴속이 웅장해질지, '성적이나 학습법 얘기는 왜 없나' 하고 답답해했을지 궁금합니다.

風は吹いている(바람은 불고 있다)라는 표현은 일본어에서는 추상적인 감정 상태를 은유적으로 전할 때 자주 쓰입니다. 이 카피에서는 「楽しい風は吹いている」(즐거운 바람이 불고 있다)라고 하며 망설임과 절망 속에서도 희망을 전합니다.

可能性だけがある君たちへ。

自分はまだ力を出せていない！と感じている君。
それは正しい。
人間の能力の限界は、まだわかっていない。
君の中にどれだけ力が眠っているのか、
わかっていないのだ。

ただその潜在能力は、
心と体のバランスがとれた時、
ひき出されることがわかっている。

自分は、きっと想像以上だ。

可能性(かのうせい) 가능성 | 君(きみ)たち 너희들, 당신들 | 自分(じぶん) 자기, 자신 | 力(ちから) 힘 | 出(だ)す 내다 | 感(かん)じる 느끼다 | 正(ただ)しい 바르다, 옳다 | 人間(にんげん) 인간 | 能力(のうりょく) 능력 | 限界(げんかい) 한계 | 分(わ)かる 알다, 이해할 수 있다 | 中(なか) 안, 속 | 眠(ねむ)る 잠들다 | 潜在(せんざい) 잠재 | 心(こころ) 마음 | 体(からだ) 몸 | バランス 균형(balance) | 取(と)れる 잡히다, (상태가) 유지되다 | 引(ひ)き出(だ)す 끌어내다 | 想像(そうぞう) 상상 | 以上(いじょう) 이상

가능성뿐인 너희들에게.

'나는 아직 힘을 발휘하지 못하고 있다!'고 느끼는 너.
그건 맞아.
인간 능력의 한계는 아직 몰라.
네 안에 얼마만큼의 힘이 잠들어 있는지
모르는 거야.

다만 그 잠재 능력은
몸과 마음의 균형이 잡혔을 때
발휘된다는 것을 알고 있어.

'나'는 분명 상상 그 이상이다.

- 포카리스웨트 포스터 (2016)

젊음의 다른 이름은 잠재력입니다. 아직 무한한 가능성을 가진 젊음은 자신 안에 담긴 힘을 어떤 방향으로 터뜨릴지, 언제 폭발시킬지 아무도 모릅니다. 단순한 음료가 아니라 젊음의 가능성을 응원하는 브랜드로서 다양한 캠페인을 전개해온 포카리스웨트다운 메시지입니다. 가능성과 자신감, 이 두 단어만 가슴에 품는다면 못 해낼 일은 없을 겁니다.

引き出される는 引き出す(이끌어내다, 발휘하다)의 수동형으로, '이끌어내지다', '발휘되다'라는 뜻입니다. 단순한 물리적 동작뿐 아니라, 감정·의사·능력 같은 내면의 것들이 밖으로 나오게 되는 상태도 표현할 수 있어 광고나 에세이에서도 자주 쓰이는 표현입니다.

自分の限界を、
自分で決めていないか。
過去の常識にしばられていないか。

今までの枠の中に、未来はないから。

僕たちは、なんにでもなれる。
僕たちは、どこへでもゆける。

枠にはまるな。

자신의 한계를
스스로 정하고 있지는 않은가?
과거의 상식에 얽매여 있지는 않은가?

지금까지의 틀 안에 미래란 없기에.

우리는 무엇이든 될 수 있다.
우리는 어디든 갈 수 있다.

틀에 갇히지 마라.

– 혼다 동영상 광고 (2013)

自分(じぶん) 자기, 자신 | 限界(げんかい) 한계 | 決(き)める 정하다 | 過去(かこ) 과거 | 常識(じょうしき) 상식 | 縛(しば)られる 얽매이다 | 今(いま) 지금 | 枠(わく) 테두리, 제약 | 中(なか) 안, 속 | 未来(みらい) 미래 | 僕(ぼく)たち 우리(주로 남성이 씀) | 行(ゆ)く 가다 | はまる 끼이다, 빠지다

혼다는 2001년부터 'The Power of Dreams'를 슬로건으로 내세워왔습니다. 이 카피는 그 철학을 더욱 직설적으로 밀어붙이고 있습니다. "틀에 갇히지 마라"는 외침은, 상식과 관습에 얽매이지 않고 한계를 넘어서려는 기업의 태도를 담고 있죠. 우리는 무엇이든 될 수 있고, 어디든 갈 수 있다는 선언은, 단순한 자동차 제조업체를 넘어 '가능성의 엔진'이 되고자 하는 브랜드의 비전을 엿볼 수 있습니다.

여기서 ゆける는 行ける의 문어체 발음으로, 일상 표현보다 더 시적이고 감성적인 느낌을 줄 때 사용됩니다. 광고나 시, 노랫말에서 자주 등장하며, 의미는 같지만 분위기를 더 부드럽고 서정적으로 만들어주죠. 회화에서는 거의 사용되지 않지만, 글을 통해 감정을 전달할 때 유용한 표현입니다.

何もしなければ
何も起きない。

行かなければそれはやってこない。
飛び出さなければ世界は変わらない。

すべてのひとの心に翼はある。
使うか、使わないか。
世界は待っている。
飛ぶか、飛ばないか。

海をこえよう。
言葉をこえよう。
昨日をこえよう。
空を飛ぼう。

아무것도 하지 않으면
아무 일도 일어나지 않는다.

가지 않으면 그것은 찾아오지 않는다.
뛰쳐나오지 않으면 세상은 변하지 않는다.

모든 사람의 마음에 날개는 있다.
쓸 것인가, 쓰지 않을 것인가.
세상은 기다리고 있다.
날 것인가, 날지 않을 것인가.

바다를 건너자.
언어를 넘자.
어제를 넘어서자.
하늘을 날자.

– ANA 신문광고 (2012)

何(なに)も 아무것도 | 起(お)きる 일어나다, 발생하다 | 行(い)く 가다 | 飛(と)び出(だ)す 뛰어나가다, 내달리다, 날기 시작하다 | 世界(せかい) 세계 | 変(か)わる 바뀌다 | 人(ひと) 사람 | 心(こころ) 마음 | 翼(つばさ) 날개 | 使(つか)う 사용하다 | 待(ま)つ 기다리다 | 飛(と)ぶ 날다 | 海(うみ) 바다 | 超(こ)える 넘다 | 言葉(ことば) 말 | 昨日(きのう) 어제 | 空(そら) 하늘

민간 항공 기업인 ANA(전일본공수)의 창립 60주년 기념 광고의 카피입니다. ANA가 걸어온 길을 도전과 자립의 역사라는 관점으로 해석해 만든 광고라고 하네요. 나이키 Just Do it의 항공사 버전이랄까요. 성공의 반대는 실패가 아니라 시도하지 않는 것이라고 하죠. 도전을 해야 성공이든 실패든 결과를 마주할 수 있습니다. 그것이 성장의 시작입니다.
여기서 こえよう의 원형인 超える(건너다, 넘다, 넘어서다)는 물리적인 경계뿐 아니라 심리적, 문화적, 시간적 장벽을 넘는다는 의미를 담고 있습니다.

「できない」にヒントがある。

誰かの「できない」を追求すると、
みんなの「できる」が見つかる。

「きっと大丈夫だろう」「みんなにもできるはずだ」。
そんな楽観もよくあること。
でもそれこそが、実際に使ってみると
使いにくいモノを生みだす原因でもあります。

大切なのは「できない」のが当たり前という前提に立ち、
「誰でもできる」を目指すこと。

誰(だれ)か 누군가 | 追求(ついきゅう)する 추구하다 | 見(み)つかる 발견되다, 찾게 되다 | 大丈夫(だいじょうぶ) 괜찮음 | 楽観(らっかん) 낙관 | 実際(じっさい) 실제 | 使(つか)う 사용하다 | 使(つか)いにくい 사용하기 어렵다 | 生(う)み出(だ)す 만들어내다 | 原因(げんいん) 원인 | 大切(たいせつ) 중요함 | 当(あ)たり前(まえ) 당연함 | 前提(ぜんてい) 전제 | 立(た)つ 서다 | 誰(だれ)でも 누구나 | 目指(めざ)す 목표로 하다

'할 수 없다'에 힌트가 있다.

누군가의 '할 수 없다'를 파고들면
모두의 '할 수 있다'를 찾게 된다.

'분명 괜찮을 거야', '누구나 할 수 있을 거야'.
그런 낙관도 흔히 볼 수 있다.
하지만 그것이 바로, 실제로 사용해 보면
사용하기 어려운 물건을 만들어내는 원인이기도 합니다.

중요한 것은 '할 수 없는' 것이 당연하다는 전제 하에
'누구나 할 수 있다'를 목표로 하는 것.

- 도요타 신문광고 (2014)

도요타가 진행한 '조금 더 좋게 하자' 캠페인 중 하나입니다. 부정적 상황에서 오히려 기회를 발견하는 역설적 메시지를 담고 있습니다. 그러면서도 긍정적인 사고방식과 태도는 좋지만, 막연한 낙관론이 이도저도 아닌 결과를 만들어낼 수도 있다는 이야기에 그동안 가지고 있던 생각의 관성에 대해 되돌아보게 됩니다. 우리는 어떤 불가능에서 새로운 힌트를 얻을 수 있을까요.

追求する는 '추구하다'이지만, '파고들다', '깊이 따지다'라는 쓰임도 있습니다. 이 카피에서도 깊이 있게 원인을 찾아 개선하려는 태도를 말합니다.

「不可能」とは、
事実ですらなく、単なる先入観だ。

「不可能」とは、
誰かに決めつけられることではない。

「不可能」とは、
通過点だ。

「不可能」とは、
可能性だ。

「不可能」なんてありえない。

'불가능'이란
사실조차도 아닌 단순한 선입견이다.

'불가능'이란
누군가가 함부로 단정할 수 있는게 아니다.

'불가능'이란
통과점이다.

'불가능'이란
가능성이다.

'불가능' 따윈 있을 수 없다.

- 아디다스 인쇄광고(2004)

不可能(ふかのう) 불가능 | 事実(じじつ) 사실 | すら ~조차 | 単(たん)なる 단순한 | 先入観(せんにゅうかん) 선입관, 선입견 | 誰(だれ)か 누군가 | 決(き)めつける 일방적으로 단정하다 | 通過点(つうかてん) 통과점 | 可能性(かのうせい) 가능성 | ありえない 있을 수 없다, 믿을 수 없다

전설적인 권투 선수 무하마드 알리의 어록에서 따온 이 카피는 아디다스가 2004년에 전개한 글로벌 캠페인의 중심 메시지입니다. 장본인인 알리를 비롯해 메시, 지단 등 세계적 스타들이 총출동한 이 광고는 한국에서도 여러 편이 집행됐습니다. 도전과 가능성에 대한 철학으로 많은 사람들에게 영감을 줬죠. 오리지널 영문 카피는 'Impossible is nothing', 한국어 카피는 '불가능, 그것은 아무것도 아니다'였습니다.

일본어 카피도 원래 어록의 도발적인 톤을 살리기 위해, 일본 광고에서 보기 드물게 강한 부정 표현을 사용했네요. 「~すらない」는 '~조차도 없다'는 뜻으로, 강하게 부정하며 의외성을 강조하는 표현이죠. 또한 「~なんてありえない」는 '~같은 건 있을 수 없어'라는 강한 단정, 거부, 반박의 말투입니다.

いつだって、
僕らを<u>突き動かす</u>のは、好奇心だ。

好きなことをやるだけで、
食ってはいけない。
でも、好きなことをやらなかったら、
人生はつまらない。

面白いから、やる。

언제나
우리의 마음을 움직이게 하는 것은 호기심이다.

좋아하는 일을 하는 것만으로
먹고 살 수는 없다.
그렇지만 좋아하는 일을 하지 않는다면
인생은 지루할 것이다.

재미있으니까 한다.

- 혼다 포스터 (2012)

僕(ぼく)ら 우리(주로 남성이 씀) | 突(つ)き動(うご)かす 마음을 움직이게 하다 | 好奇心(こうきしん) 호기심 | 好(す)きだ 좋아하다 | 食(く)う 먹다, 살아가다 | 人生(じんせい) 인생 | つまらない 시시하다, 재미가 없다 | 面白(おもしろ)い 재미있다

세상의 진보는 치밀한 계획과 거창한 힘으로 이루어지는 것처럼 보입니다. 그러나 대부분의 첫 발걸음은 누군가의 작은 호기심에서 내디뎌지는 경우가 많습니다. 궁금해하고, 재미를 느끼고, 몰두하는 힘은 한 사람의 인생을 바꾸기도 하고, 때론 사회와 역사의 물줄기까지 바꾸기도 합니다. 이 필사도 그냥 재미있어서 한다고요? 어쩌면 언젠가 당신이 세상을 바꾸게 될지도 모릅니다.

突き動かす는 「突く(찌르다) + 動かす(움직이게 하다)」로 이루어진 복합동사입니다. 突く는 '강하게 밀다, 자극하다'라는 의미를 포함하고 있어요. 따라서 무언가가 마음 깊숙한 곳을 강하게 자극해서 몸이나 행동까지 움직이게 만드는 이미지를 그려줍니다. 여기서는 호기심이 그 역할을 하죠.

いまを生きる人が、いちばん強い。

あらゆることが計算で予測される時代。
いまや世界は未来を織り込み、人々は未来からの逆算で現在を生きている。
けれど、それは「いまを生きる」ことになるのだろうか。
<u>想定内</u>の未来は私たちの可能性を小さくするだけだ。

時間を忘れるほど何かに没頭し、
いまこの瞬間にすべての情熱を注いできた人たちこそが時代を変えてきた。
大谷翔平選手もまた、そんなひとりだ。
私たちも、全力でこの瞬間を生きよう。
未来のためにいまがあるのではなく、
いまを大切にした先に未来があるのだから。

生(い)きる 살다 | 人(ひと) 사람 | 計算(けいさん) 계산 | 予測(よそく) 예측 | 時代(じだい) 시대 | 今(いま)や 바야흐로, 이제는 | 世界(せかい) 세계 | 未来(みらい) 미래 | 織(お)り込(こ)む 짜넣다 | 人々(ひとびと) 사람들 | 逆算(ぎゃくさん) 역산 | 現在(げんざい) 현재 | 想定内(そうていない) 예상 범위 내 | 可能性(かのう)(せい) 가능성 | 小(ちい)さくする 작게 하다 | 時間(じかん) 시간 | 忘(わす)れる 잊다 | 何(なに)か 뭔가 | 没頭(ぼっとう)する 몰두하다 | 瞬間(しゅんかん) 순간 | 情熱(じょうねつ) 정열 | 注(そそ)ぐ 쏟다 | 時代(じだい) 시대 | 変(か)える 바꾸다 | 選手(せんしゅ) 선수 | 一人(ひとり) 한 명 | 全力(ぜんりょく) 전력 | 大切(たいせつ)にする 소중히 하다 | 先(さき) 앞날, 장래

지금을 사는 사람이 가장 강하다.

모든 것이 계산으로 예측되는 시대.

이제 세상은 미래를 짜맞추고, 사람들은 미래로부터 역산해서 현재를 살고 있다.

하지만 그것이 '지금을 사는 것'일까?

예상 범위 내의 미래는 우리의 가능성을 작게 만들 뿐이다.

시간을 잊을 만큼 무언가에 몰두하고

지금 이 순간에 모든 열정을 쏟아부어온 사람들이야말로 시대를 바꿔왔다.

오타니 쇼헤이 선수도 역시 그런 사람 중 한 명이다.

우리도 온 힘을 다해 이 순간을 살자.

미래를 위해 지금이 있는 것이 아니라,

지금을 소중히 여긴 뒤에 미래가 있을 테니까.

- 세이코 신문광고 (2024)

시계 제조업체 세이코가 메이저리그에서 활약 중인 천재 야구 선수 오타니 쇼헤이를 모델로 만든 광고의 카피입니다. 미래를 지나치게 의식하며 사는 것이 오히려 우리의 가능성을 좁힌다고 이야기합니다. 오타니 선수를 예로 들면서 바로 지금 이 순간에 최선을 다하는 것이 진정한 미래를 연다는 지금의 가치를 메시지 속에 담았습니다.

想定内(そうていない)는 '예상 범위 내'라는 뜻으로, 비즈니스·뉴스·에세이 등에서 자주 쓰이는 단어입니다. '예상 밖'을 의미하는 想定外(そうていがい)와 함께 기억해두면 좋습니다. 이 광고에서 想定内(そうていない)는 계획대로만 흘러가는 미래에 대한 비판적 시선을 전달합니다.

青が舞う

夢が僕らを追いかけるように
時が僕らを追いかけるように
走れ走れ走り続けよう
はじまりの声が響いている
夢が僕らを追いかけるように
時が僕らを追いかけるように
走れ走れ

<u>生きている味がする</u>。

파랑이 춤춘다

꿈이 우리를 쫓아오는 것처럼

시간이 우리를 쫓아오는 것처럼

달려라 달려라 계속 달려보자

시작의 목소리가 울리고 있다

꿈이 우리를 쫓아오는 것처럼

시간이 우리를 쫓아오는 것처럼

달려라 달려라

살아 있는 맛이 난다.

- 포카리스웨트 TV광고 (2023)

青(あお) 파랑 | 舞(ま)う 흩날리다, 춤추다 | 夢(ゆめ) 꿈 | 僕(ぼく)ら 우리(주로 남성이 씀) | 追(お)いかける 뒤쫓아 가다, 추적하다 | 時(とき) 시간 | 走(はし)る 달리다 | 走(はし)り続(つづ)ける 계속 달리다 | 始(はじ)まり 시작 | 声(こえ) 목소리 | 響(ひび)く 울리다, 울려 퍼지다 | 生(い)きる 살다 | 味(あじ) 맛 | 味(あじ)がする 맛이 나다

청춘의 역동적 에너지와 생명력을 리드미컬하게 표현한 문장에 가슴이 꿈틀거립니다. 우리가 꿈을 쫓는 것이 아니라, 꿈이 우리를 쫓아오는 것처럼 달려보자는 역설적 표현이 젊음의 속도감과 기분 좋은 긴장감을 줍니다. 포카리스웨트의 상징색인 '파랑'과 '춤춘다'는 동사가 결합하여 희망과 청량감을 이미지로 표현한 좋은 카피입니다. 어느새 푸른 바다를 배경으로 모래사장을 달리고 있는 자신의 모습을 떠올려보게 되죠.

生きている味がする는 직역하면 '살아 있다는 맛이 난다'는 말인데, 말하는 사람이 지금 느끼고 있는 감정이나 상황이 '살아 있음' 그 자체로 와닿는다는 뜻입니다. 味がする는 단순히 '맛이 난다'는 의미를 넘어서, '무언가의 느낌이 강하게 전해진다'는 말로도 쓰여요.

人間は、飛べない。
だから、飛行機という翼をつくった。

人間は、弱い。
だから、社会という絆をつくった。

人間は、未完成だ。
だからこそ、いろんな課題に
立ちむかいながら、理想のあしたをつくろうとする。

人間だけが、目をあけて夢をみる。

人間(にんげん) 인간 | 飛(と)ぶ 날다 | 飛行機(ひこうき) 비행기 | 翼(つばさ) 날개 | 作(つく)る 만들다 | 弱(よわ)い 약하다 | 社会(しゃかい) 사회 | 絆(きずな) 끈, 유대, 끊기 어려운 정이나 인연 | 未完成(みかんせい) 미완성 | 課題(かだい) 과제 | 立(た)ち向(む)かう 맞서다, 마주보고 서다 | 理想(りそう) 이상 | 明日(あした) 내일 | 目(め) 눈 | 開(あ)ける 열다 | 夢見(ゆめみ)る 꿈꾸다

인간은 날지 못한다.
그래서 비행기라는 날개를 만들었다.

인간은 약하다.
그래서 사회라는 끈을 만들었다.

인간은 미완성이다.
그렇기 때문에 여러 가지 과제에
맞서며 이상적인 내일을 만들려고 한다.

인간만이 눈을 뜨고 꿈을 꾼다.

- 미쓰이물산 TV광고 (2013)

대형 종합상사의 이 도전적 카피는 인간 존재에 대한 근본적인 질문에서 출발합니다. '약함'과 '미완성'이라는 피할 수 없는 인간의 약점은 오히려 발전과 창조의 동력으로 전환되죠. 특히, 인간만이 눈을 뜨고 꿈을 꾼다는 마지막 문장은 감성적 울림과 동시에 철학적 여운을 남깁니다. 인문학적 통찰을 시적인 아름다움에 담아 브랜드의 존재 이유를 밝힌 멋진 카피네요.

여기서 飛べない(날지 못한다) 弱い(약하다) 未完成だ(미완성이다)는 모두 인간이 가진 본질적 제약을 나타내는 말입니다. 그런데 그다음 문장마다 つくった(만들었다)라는 단어가 반복되며, 그 약점을 극복하려는 의지와 결과를 연결해주는 구조를 만들었습니다.

できないことは、みんなでやろう。   할 수 없는 것은 다 함께 하자.

逃げ出さずに。投げ出さずに。   도망치지 말고. 포기하지 말고.
できないことは、みんなでやろう。   할 수 없는 일은 다 함께 하자.

道は一つじゃない。   길은 하나가 아니다.
答えは一つじゃない。   답은 하나가 아니다.

できないことは、みんなでやろう。   할 수 없는 일은 다 함께 하자.

あなたが望むことを。   당신이 원하는 것을.
世界が望むことを。   세상이 원하는 것을.

できないことは、みんなでやろう。   할 수 없는 일은 다 함께 하자.
未来を生きる人のために。   미래를 살아갈 사람을 위해.

— 마루베니 신문광고 (2023)

逃(に)げ出(だ)す 도망치다 | 投(な)げ出(だ)す 포기하다 | 道(みち) 길 | 一(ひと)つ 하나 | 答(こた)え 답 | 望(のぞ)む 바라다 | 世界(せかい) 세계 | 未来(みらい) 미래 | 生(い)きる 살다 | 人(ひと) 사람

일본의 대표적인 종합상사 마루베니는 이 카피를 통해 '불가능을 함께 넘는 힘'을 강조합니다. 마루베니는 전형적인 B2B기업이지만 인기 만화 원피스의 캐릭터를 광고에 등장시킨다거나, 유명 배우가 출연한 드라마를 패러디하는 등 일반 소비자들과의 소통도 중요하게 생각하는데요. 단순한 교역의 중개자가 아니라 세상의 다양한 문제를 해결하는 기업이라는 진취적인 세계관이 대중적인 언어로 잘 담겨 있습니다.

生きること、
それは、
いろんなことと、たたかうこと。

いちばんの敵は、
あきらめちゃう自分の気持ち。

今日のために、昨日がある。
そうか…

ありがとう、昨日のワタシ。

산다는 것,
그것은
여러 가지 일들과 싸우는 것.

최고의 적은
포기해버리는 나의 마음.

오늘을 위해 어제가 있다.
그렇구나…

고마워, 어제의 나.

– 온워드 온라인 광고 (2009)

生(い)きる 살다 | 戦(たたか)う 싸우다 | 一番(いちばん) 가장, 제일 | 敵(てき) 적 | 諦(あきら)める 포기하다 | 自分(じぶん) 자기, 자신 | 気持(きも)ち 마음 | 今日(きょう) 오늘 | 昨日(きのう) 어제 | 私(わたし) 나

패션 브랜드 온워드가 2009년에 발표한 온라인 광고 헤드라인 중 마음에 와닿는 몇 가지를 골라봤습니다. 모두 단순한 제품의 홍보가 아니라, 삶의 태도를 묻는 문장들입니다. 주 타깃인 젊은 여성들의 라이프스타일을 이해하고 그들의 삶과 고민을 공감하는 브랜드로서 자리매김하고 싶은 의지가 느껴집니다. 자신에 대해서 잘 알고 같은 방향으로 시선을 맞춰주는 브랜드를 좋아할 수밖에 없지 않을까요?

카피 중간에 「そうか…」(그렇구나…)가 들어가는 게 특이한데요. 독자의 마음속 생각을 이끌어내는 장치입니다. 즉, 의식의 전환과 자각의 순간을 조용히 그려주는 표현이에요.

夢を持ちましょう。と、大人は言う。
私だって思う。
目標はあった方が絶対いいし、
好きなことに夢中な人はうらやましいって。

でも、よく考えたら私たち、
まだ二十年とちょっとしか生きてない。
知らない世界や、新しい出会いだって
まだまだたくさんある。
何が好きで、何に向いているか。
そんなことはボンヤリしたままでも、
ごくごく自然なのかもしれない。

私は、私のスピードで。
そう。夢なんか、
走りながら見つけたって、いいんだ。

꿈을 가지라고 어른들은 말한다.
나도 그렇게 생각한다.
목표는 있는 게 분명 좋고,
좋아하는 일에 몰두하는 사람은 부럽다고.

하지만 잘 생각해보면 우리,
아직 20년 남짓밖에 살지 않았다.
모르는 세계나 새로운 만남도
아직 많이 있다.
무엇을 좋아하고, 무엇을 잘하는지.
그런 것들은 아직 확실하지 않더라도
지극히 자연스러운 것일지도 모른다.

나는 나만의 속도로.
그래. 꿈 같은 건
달리다가 발견해도 괜찮다.

– 와코루 포스터 (2022)

夢(ゆめ) 꿈 | 持(も)つ 가지다 | 大人(おとな) 어른 | 言(い)う 말하다 | 思(おも)う 생각하다 | 目標(もくひょう) 목표 | 絶対(ぜったい) 절대 | 好(す)きだ 좋아하다 | 夢中(むちゅう) 몰두함, 열중함 | 羨(うらや)ましい 부럽다 | 考(かんが)える 생각하다 | 生(い)きる 살다 | 知(し)る 알다 | 世界(せかい) 세계 | 新(あたら)しい 새롭다 | 出会(であ)い 만남 | 向(む)く 적합하다, 어울리다 | ぼんやり 어렴풋이, 멍하니 | ごくごく 극히, 몹시 | 自然(しぜん) 자연스러움 | 走(はし)る 달리다 | 見(み)つける 찾다, 발견하다

꿈을 가져야 한다는 말은 옳지만, 아직 모르는 세계가 너무 많다는 깨달음은 더욱 소중합니다. 어쩌면 꿈을 갖는 것마저도 세상이 만들어놓은 프레임에 끼워 맞추고 있던 것은 아닐까요? 모든 이들이 일찍 제대로 된 방향을 잡을 필요는 없습니다. 때로는 달리다가 멈춰 서서 방향을 틀어도 됩니다. 왔던 길을 되돌아가는 선택이 나쁜 것은 아니지요. 자신만의 속도로 달리다 보면 자연스럽게 길이 열릴 것입니다.

「~たっていい」는 「~てもいい」와 같은 의미로, '~해도 괜찮다'는 뜻입니다. 「~たって」가 조금 더 캐주얼한 회화체인데, 사회적 통념에서 벗어난 방식도 괜찮다는 느낌을 줄 때 자주 씁니다.

はじめてのバイトは、
マクドナルドでした。

はじめて、見知らぬ人に笑顔を向けたのも。
はじめて、家族以外の大人に褒められたのも。
はじめて、世代を越えた仲間ができたのも。
はじめて働いたマクドナルドだった。

あのとき手にいれたものは、今も活きている。

この経験は、
一生もの。

첫 아르바이트는
맥도날드였습니다.

처음으로 낯선 사람에게 미소를 지은 것도.
처음으로 가족이 아닌 어른에게 칭찬받은 것도.
처음으로 세대를 초월한 동료가 생긴 것도.
처음으로 일한 맥도날드였다.

그때 얻은 것은 지금도 살아 숨 쉬고 있다.

이 경험은
평생의 것.

- 맥도날드 아르바이트 모집 포스터 (2020)

맥잡(McJob)이라는 말이 있죠. 맥도날드 아르바이트처럼 단순하고 반복적인 저임금 노동을 가리키는 부정적인 단어입니다. 그러나 이 카피는 일반적인 관점을 따뜻하게 뒤집습니다. '처음'이라는 키워드로 인간적으로 성장할 수 있는 중요한 기회로 해석합니다. 여기서 경험할 수 있는 수많은 '처음'들이 더 성숙한 자신을 만드는 자산이 된다는 메시지에 고개를 끄덕이게 됩니다. 오랜만에 저의 실수투성이 아르바이트생 시절 생각도 해보게 되네요.
이 광고에서 반복되는 「~のも」는 '~했던 것도'라는 뜻의 연결어이고, 마지막 문장에 나오는 もの는 '물건, ~것'이라는 뜻의 명사입니다. 「~のも」로 쌓아온 작은 경험들이, もの로 완성되니 리듬도 살고, 인상적입니다.

あのころ、君は、まだ迷っていた。
友だちと、もっと遊びたかった。
お母さんとお父さんに、もっと甘えたかった。
何度も間違えて、眠たくて、やめたいとつぶやいたときもあった。
妥協に、飲みこまれそうだった。
でも、少しずつ君はあきらめなくなっていた。

それでも、あきらめなかった経験は、
一生誰にも奪われない。

君(きみ) 너, 당신 | 迷(まよ)う 망설이다 | 友達(ともだち) 친구 | 遊(あそ)ぶ 놀다 | お母(かあ)さん 어머니 | お父(とう)さん 아버지 | 甘(あま)える 어리광 부리다 | 何度(なんど) 몇 번 | 間違(まちが)える 틀리다, 실수하다 | 眠(ねむ)たい 졸리다 | 止(や)める 그만두다 | つぶやく 중얼거리다, 투덜대다 | 時(とき) 때 | 妥協(だきょう) 타협 | 飲(の)み込(こ)む 삼키다 | 少(すこ)しずつ 조금씩 | 諦(あきら)める 포기하다 | 経験(けいけん) 경험 | 一生(いっしょう) 평생 | 誰(だれ) 누구 | 奪(うば)う 빼앗다

그 시절, 너는 아직 망설이고 있었어.

친구들과 더 많이 놀고 싶었고,

부모님께 더 많이 어리광 부리고 싶었지.

몇 번이나 실수하고, 졸려서, 그만하고 싶다고 투덜거렸을 때도 있었어.

휩쓸려서 타협할 것만 같았지.

하지만 조금씩 너는 포기하지 않게 되었어.

그럼에도 불구하고 포기하지 않은 경험은,

평생 누구에게도 빼앗기지 않아.

- 와세다 아카데미 신문광고 (2022)

일본의 입시 학원들은 수준 높은 광고로도 유명합니다. 와세다 아카데미도 그중 하나입니다. 단순한 성적 향상 이상의 메시지를 담은 의미 있는 광고를 많이 발표해왔습니다. 이 카피도 학창시절에 누구나 겪을 수 있는 흔들림과 방황, 그리고 거기서 비롯된 작지만 단단한 성장을 포착하여 공감 가는 메시지로 전개하고 있습니다. 결과보다 과정의 가치를 일깨워주는 것이 일본 학원 광고들에서 자주 발견되는 특징입니다.

甘える는 단순히 '어리광을 부리다' 이상의 의미를 담고 있어요. 신뢰하는 관계 안에서 감정적으로 의존하거나 기대는 행위를 뜻합니다.

緊張も、不安も、
キミががんばってきた証。

今日までキミが、
真剣に向き合ってきた一日一日が、
いま、胸の鼓動になっているんだと思う。

だから、大丈夫。
大きく深呼吸して。

긴장도, 불안도
네가 지금까지 노력해 왔다는 증거.

오늘까지 네가
진심으로 마주해온 하루하루가
지금, 두근거림이 되었다고 생각해.

그러니까 괜찮아.
크고 깊게 숨을 쉬어봐.

– 나고야철도 사쿠라 트레인 신문광고 (2014)

緊張(きんちょう) 긴장 | 不安(ふあん) 불안 | 君(きみ) 너, 당신 | 頑張(がんば)る 분발하다, 열심히 하다 | 証(あかし) 증거 | 今日(きょう) 오늘 | 真剣(しんけん) 진지함 | 向(む)き合(あ)う 마주하다 | 一日(いちにち) 하루 | 今(いま) 지금 | 胸(むね) 가슴 | 鼓動(こどう) 고동 | 思(おも)う 생각하다 | 大丈夫(だいじょうぶ) 괜찮음 | 大(おお)きい 크다 | 深呼吸(しんこきゅう) 심호흡

일본은 4월에 입학을 하고, 회사의 회계 연도도 바뀌죠. 4월에 피는 벚꽃(사쿠라)이 합격이나 새로운 시작을 상징하는 이유입니다. 사쿠라 트레인은 나고야철도가 주도해 매년 펼치는 수험생 응원 프로젝트입니다. 벚꽃처럼 수험생들의 앞날도 활짝 피길 바라는 마음을 담아, 지역 사회와 기업이 함께 격려의 메시지를 전하죠. 이 광고는 수험생의 '불안'과 '긴장'조차 소중한 시간의 증거라 말합니다. 수험생뿐 아니라 피할 수 없는 도전 앞에서 긴장하고 있을 모든 분들에게 전해 드리고 싶은 생각이네요.

向き合う는 「向く(향하다) + 合う(합쳐지다)」가 결합된 말로, '마주하다', '대면하다'라는 뜻입니다. 사람 사이의 관계뿐 아니라 자기 자신, 문제, 감정과의 내면적인 마주함에도 쓰입니다.

人生に、
受験という季節が
あってよかったと、
思えるときが必ずくるよ。

あしたの君のために、
いまの君ががんばろう。

あしたの君は、
きっといい奴だ。

인생에

수험이라는 계절이

있어 좋았다고

생각하게 될 때가 반드시 올 거야.

내일의 너를 위해

지금의 네가 노력하자.

내일의 너는

분명 좋은 녀석일 거야.

- 가와이주쿠 신문광고 (2008)

人生(じんせい) 인생 ㅣ 受験(じゅけん) 수험 ㅣ 季節(きせつ) 계절 ㅣ 思(おも)える 생각되다, 그렇게 느끼다 ㅣ 時(とき) 때 ㅣ 必(かなら)ず 반드시 ㅣ 来(く)る 오다 ㅣ 明日(あした) 내일 ㅣ 君(きみ) 너, 당신 ㅣ 今(いま) 지금 ㅣ 頑張(がんば)る 분발하다, 열심히 하다 ㅣ 良(い)い 좋다 ㅣ 奴(やつ) 놈, 녀석

입시 학원인 가와이주쿠의 이 광고는 수험생을 위한 응원과 위로를 담았습니다. 고된 시간을 이겨낸 사람만이 느낄 수 있는 성장과 성취를 약속하며, 지금 노력하고 있는 과정의 가치를 일깨워주죠. 타버릴 듯 뜨거웠는지, 살을 에는 듯 추웠는지 기억나지 않지만, 저도 수험이라는 계절이 있어서 좋았다고 생각합니다. 물론, 그 시절엔 절대로 그런 생각이 들지 않았지만요.

奴는 말투에 따라 긍정적일 수도 있고 무례하게 들릴 수도 있습니다. 이 문장에서는 いい奴라고 해서, '좋은 녀석'이라는 따뜻하고 친근한 뉘앙스로 쓰였지요. 친구 사이처럼 가까운 관계에서 쓰는 표현입니다.

自分の本音を、いちばん聞いたのも自分。
自分の試練を、いちばん見ていたのも自分。
自分の努力を、いちばん知っていたのも自分。

自分をいちばん応援したのは、
まぎれもなく自分だ。

나의 속마음을 가장 많이 들은 것도 나 자신.

나의 시련을 가장 많이 지켜본 것도 나 자신.

나의 노력을 가장 잘 알고 있었던 것도 나 자신.

나를 가장 많이 응원한 것은

틀림없이 나 자신이다.

- 와세다 아카데미 신문광고 (2022)

自分(じぶん) 자기, 자신 | 本音(ほんね) 본심 | 一番(いちばん) 가장, 제일 | 聞(き)く 듣다 | 試練(しれん) 시련 | 見(み)る 보다 | 努力(どりょく) 노력 | 知(し)る 알다 | 応援(おうえん) 응원 | 紛(まぎ)れもない 틀림없다, 확실하다

중요한 도전이나 위기의 순간, 가장 가까이서 나를 지켜봐주고 응원을 보내는 건 누구일까요? 바로 나 자신입니다. 이 카피는 수험생을 위한 메시지지만, 그 울림은 인생을 살아가는 누구에게나 와닿습니다. 우리는 많은 사람들의 도움과 마음에 의지해서 살아가지만, 결국 스스로의 판단과 책임을 짊어지고 앞으로 나아가야 하는 결정적 순간을 맞게 됩니다. 그럴 때는 나를 응원해온 나를 믿으세요. 해낼 수 있습니다.

마지막의 まぎれもなく는 '틀림없이', '의심의 여지없이'라는 뜻으로, 어떤 사실을 강하게 단정하거나 확신할 때 쓰는 표현입니다. 원래는 紛れ, 즉 '헷갈림', '뒤범벅'이라는 뜻인데, 여기에 「~もなく」(~도 없이)가 붙어서 '전혀 뒤섞이지 않고, 흐릴 것도 없이 명확하다'는 의미가 됐습니다.

つぎの私が待ち遠しい。

時間はいつも未来に向かう。
いま、この瞬間を力いっぱい生きることが、
あたらしい自分をつくってゆく。

1秒を積み重ねるように、一歩ずつ。
つぎの私が待ち遠しい。

다음의 내가 몹시 기다려진다.

시간은 항상 미래로 향한다.
지금, 이 순간을 힘껏 사는 것이
새로운 나를 만들어갈 것이다.

1초를 거듭 쌓아가듯, 한 걸음씩.
다음의 내가 몹시 기다려진다.

– 시티즌 에코드라이브 신문광고 (2018)

次(つぎ) 다음 | 私(わたし) 나 | 待(ま)ちどおしい 몹시 기다려지다 | 時間(じかん) 시간 | 未来(みらい) 미래 | 向(む)かう 향하다 | 今(いま) 지금 | 瞬間(しゅんかん) 순간 | 力(ちから)いっぱい 힘껏 | 生(い)きる 살다 | 新(あたら)しい 새롭다 | 自分(じぶん) 자신 | 作(つく)る 만들다 | 一秒(いちびょう) 1초 | 積(つ)み重(かさ)ねる 겹겹이 쌓다 | 一歩(いっぽ) 일보, 한 걸음

시계 전문 기업 시티즌이 테니스 스타 나오미 오사카 선수를 모델로 만든 광고의 카피입니다. 언제나 앞을 향해 흐르는 시간에 대한 철학과 세계적인 선수로 정상에 선 나오미 오사카 선수의 성장 서사가 만나 명료한 문장으로 응축됐습니다. 1초씩 쌓아 올린 시간의 무게를 잘 아는 시계 브랜드의 목소리로, 이 카피는 '다음의 나를 기다리며 지금을 불태우는 모든 이들에게 응원을 보내는 것 같습니다.

待ち遠しい는 '몹시 기다려지다, 손꼽아 기다려지다'라는 뜻의 형용사입니다. '기다림이 멀게 느껴지다, 너무 기다려져서 마음이 가다, 초조하다'라는 감정을 표현합니다.

道をつくろう　　　　　　　　　　길을 만들자

世界が生まれたとき　　　　　　　세상이 태어났을 때
そこに道はなかったはずだ　　　　거기에 길은 없었을 것이다
たくさんの人が歩けば　　　　　　많은 사람들이 걸으면
その足跡は　　　　　　　　　　　그 발자국은
やがて道になる　　　　　　　　　머지않아 길이 된다

たくさんの挫折と　　　　　　　　많은 좌절과
たくさんの不屈と　　　　　　　　많은 불굴의 의지와
たくさんの覚悟と　　　　　　　　많은 각오와
たくさんの夢中が　　　　　　　　많은 몰두가
たくさんの足跡になって　　　　　수많은 발자국이 되어
それはいつか道になる　　　　　　그것은 언젠가 길이 된다
道をつくろう　　　　　　　　　　길을 만들자

- 도요타 TV광고 (2016)

道(みち) 길 | 作(つく)る 만들다 | 世界(せかい) 세계 | 生(う)まれる 태어나다 | 時(とき) 때 | 人(ひと) 사람 | 歩(ある)く 걷다 | 足跡(あしあと) 발자국 | 挫折(ざせつ) 좌절 | 不屈(ふくつ) 불굴 | 覚悟(かくご) 각오 | 夢中(むちゅう) 열중

도요타가 전개한 'WHAT WOWS YOU(당신을 놀라게 하는 것)' 캠페인은 도쿄 2020 올림픽을 준비하는 시기에 기업의 비전을 제시하기 위해 만들어졌습니다. 이 광고에서 도요타는 기술이나 성능을 말하지 않습니다. 대신 아무도 걷지 않은 곳을 수많은 사람들이 역경을 딛고 걸으면서 새로운 길을 내는 스토리만을 선보입니다. 사람들의 마음속에 놀라움과 감동을 만들어내는 것은, 끊임없는 도전과 개척뿐이라는 철학이 담긴 것이죠. 인간의 한계에 도전하는 올림픽을 염두에 둔 캠페인답습니다.

이 카피에는 시간의 흐름을 담은 표현으로 やがて와 いつか가 등장합니다. やがて는 '머지않아'라는 뜻으로, 가까운 미래에 반드시 그렇게 될 거라는 예감과 확신을 담고 있고, いつか는 '언젠가'라는 뜻으로, 언제일지 모르지만 언젠가 그렇게 되기를 바라는 희망과 여운을 품고 있습니다.

未来の声を聴け

未来は、突然現れるわけじゃない。
みんなの想いや願いが、
少しずつカタチになることで、
今までとは違う世界になっていく。

だから、私たちは、いつも耳を澄ましている。
半年先、10年先、50年先。
ときには、もっと先の未来からの声に…

미래의 소리를 들어라

미래는 갑자기 나타나는 것이 아니다.
모두의 생각이나 소원이
조금씩 형태가 갖추어지는 것으로,
지금까지와는 다른 세계가 되어갈 것이다.

그래서 우리는 항상 귀를 기울인다.
반년 뒤, 10년 뒤, 50년 뒤.
때로는 더 먼 미래의 목소리에…

– 나가세산업 신문광고 (2023)

未来(みらい) 미래 | 声(こえ) 목소리 | 聴(き)く 듣다 | 突然(とつぜん) 갑자기 | 現(あらわ)れる 나타나다 | 想(おも)い 생각 | 願(ねが)い 소원 | 少(すこ)しずつ 조금씩 | 形(かたち) 형태 | 今(いま)まで 지금까지 | 違(ちが)う 다르다 | 世界(せかい) 세계 | 私(わたし)たち 우리 | 耳(みみ)を 澄(す)ます 귀를 기울이다 | 半年(はんとし) 반 년 | 先(さき) 앞날, 장래 | 10年(じゅうねん) 10년 | 50年(ごじゅうねん) 50년 | 時(とき)には 때로는

화학 전문기업 나가세산업은 미래에 대한 새로운 관점을 제시합니다. 미래는 갑자기 짠! 하고 나타나지 않는다는 거죠. 사람들의 소망과 생각이 조용히 형태를 갖추며 다가오는 것이라는 표현을 통해 미래는 과정이며, 진짜 중요한 것은 지금이란 것을 암시합니다. 딱딱하고 무거운 화학 기업의 이미지를 통찰과 비전을 제시하는 미래 기업의 느낌으로 바꿔주는 카피입니다.

여기서 「～わけじゃない」는 '~한 것은 아니다', '~라고 단정할 수는 없다'는 뜻으로, 어떤 판단이나 사실을 전면 부정하지 않고 부드럽게 부정할 때 쓰는 표현입니다. '항상 그런 건 아니야', '꼭 그렇다고는 할 수 없어'처럼 여지를 남기는 말투입니다. 완곡하게 말하거나, 상대의 생각을 일부만 부정하고 싶을 때 자주 사용됩니다.

わくわくが、
未来をつくる。

好奇心が、
世界を変える。

次の常識は、
非常識から生まれる。

두근거림이

미래를 만든다.

호기심이

세상을 바꾼다.

다음의 상식은

비상식에서 생겨난다.

- 리쿠르트 온라인광고 (2020)

未来(みらい) 미래 | 作(つく)る 만들다 | 好奇心(こうきしん) 호기심 | 世界(せかい) 세계 | 変(か)える 바꾸다 | 次(つぎ) 다음 | 常識(じょうしき) 상식 | 非常識(ひじょうしき) 비상식 | 生(う)まれる 태어나다

2020년에 리쿠르트가 전개한 온라인광고 헤드라인 중 인상적인 몇 가지를 모아봤습니다. 짧고 임팩트 있는 문장들마다 일에 대한 철학과 사람에 대한 믿음을 담고 있지요. 리쿠르트는 늘 자신의 가능성을 믿고 변화를 추구하는 구직자들을 응원하는 광고를 만들어왔습니다. 이 시리즈의 카피들도 정답보다 질문을, 스펙보다 태도를 중시하는 그들의 일관된 관점이 녹아 있네요.

わくわく는 기쁨, 기대, 설렘으로 가슴이 두근거리는 감정을 담은 의태어인데요. 보통 의태어는 상태를 꾸미는 부사로 쓰이지만 여기선 미래를 만드는 주체로 등장합니다. 감정에도 힘과 창조성이 있다는 시적인 발상이 인상적이네요.

まだなにも
決まっては
いない。

動け。ぶつかれ。不可能をのりこえるほど
きみはもっとうまく、もっと強くなれるはず。
挑み続ける限り負けはない。

明日。七日後。七年後。
どんなきみになるかは
今日のきみが決める。

아직 아무것도
결정된 것은
없다.

움직여라. 부딪쳐라. 불가능을 넘어설수록
너는 더 잘할 수 있고, 더 강해질 수 있을 것이다.
도전을 계속하는 한 패배는 없다.

내일. 7일 후. 7년 후.
어떤 네가 될지는
오늘의 네가 결정한다.

– 나이키 TV광고 (2014)

決(き)まる 결정되다 | 動(うご)く 움직이다 | ぶつかる 부딪치다 | 不可能(ふかのう) 불가능 | 乗(の)り越(こ)える 극복하다 | 君(きみ) 너, 당신 | 強(つよ)い 강하다 | 挑(いど)み続(つづ)ける 계속 도전하다 | ~限(かぎ)り ~하는 한 | 負(ま)け 패배 | 明日(あす/あした) 내일 | 七日(なのか) 7일 | ~後(ご) ~후 | 七年(ななねん) 7년 | 今日(きょう) 오늘 | 決(き)める 결정하다

2013년 9월, IOC 총회에서 2020년 올림픽 개최지로 도쿄가 결정된 직후 방영된 광고의 카피입니다. 올림픽 장소가 결정되었을 뿐, 7년 후에 열릴 올림픽의 모습은 아무것도 결정되지 않은 것처럼, 7년 후의 나의 모습이 어떻게 되어 있을지도 아무것도 정해지지 않았다는 뜻을 내포하고 있습니다. 나이키의 브랜드 정신과 당시의 상황을 잘 엮어 만든 멋진 카피입니다. 그런데, 정말 미래의 일은 아무도 몰랐습니다. 정작 7년 후인 2020년에는 올림픽이 열리지 못했으니까요.

限(かぎ)りは '~하는 한'이라는 조건을 나타내는 표현으로, 어떤 상태가 지속되는 동안만 유효한 조건을 말할 때 사용됩니다. 광고나 자기계발 문구에서 불완전함 속에서도 가능성을 긍정하고, 조건부 희망을 제시하는 표현으로 자주 쓰입니다.

うらやましいことに、まだ人生を選べる。

夢は、大きいほうがいい。
いまならまだ、どんな大人にだってなれるのです。

枠なんか作ってしまったら、もったいない。
やればできる、と信じることが
その第一歩だと思います。

부럽게도, 아직 인생을 선택할 수 있다.

꿈은 큰 게 좋다.

지금이라면 아직, 어떤 어른이든 될 수 있습니다.

스스로 한계를 정해버리면, 그건 아까운 일이다.

'하면 된다'고 믿는 것이

그 첫걸음이라고 생각합니다.

- 가정교사 트라이 신문광고 (1999)

うらやましい 부럽다 | 人生(じんせい) 인생 | 選(えら)ぶ 선택하다 | 夢(ゆめ) 꿈 | 大(おお)きい 크다 | 今(いま) 지금 | 大人(おとな) 어른 | 枠(わく) 틀 | 作(つく)る 만들다 | 信(しん)じる 믿다 | 第一歩(だいいっぽ) 첫걸음 | 思(おも)う 생각하다

1:1 맞춤형 가정교사 서비스의 헤드라인이 눈길을 끕니다. 학생들은 아직 인생에 아무것도 결정된 것이 없기에, 수없이 많은 가능성이 열려 있죠. 어른의 시각에서 인생에 선택지가 있다는 것에 대한 부러움을 드러낸 카피가 쓴웃음과 함께 공감을 자아냅니다. 그러나 인생을 선택할 수 있는 건 아직 어린 학생들만의 특권은 아닌 시대가 됐습니다. 부러워만 말고 하고 싶은 게 있으면 지금 바로 시작하면 됩니다. 마침 서비스의 이름도 트라이(Try)네요!

もったいない는 어떤 것이 낭비되거나 충분히 활용되지 않을 때 아깝고 안타깝다는 감정을 표현하는 말입니다. 단순히 '아깝다'뿐 아니라, 소중한 가치가 제대로 살지 못하는 상황에 대한 유감까지 담겨 있습니다.

うまくいかない日がある。
へとへとになる日がある。
恥をかく日がある。
腹がたつ日だってある。

けれど、それはぜんぶ一生懸命、
今日を生きていた証です。

잘 안 풀리는 날이 있다.
녹초가 되는 날이 있다.
창피를 당하는 날이 있다.
화가 나는 날도 있다.

하지만 그것은 모두 열심히
오늘을 살았다는 증거입니다.

― 산토리 캔 생맥주 TV광고 (2024)

うまくいく 잘되어 가다 | 日(ひ) 날 | へとへと 몹시 지쳐서 힘이 없는 모양 | 恥(はじ)をかく 창피를 당하다 | 腹(はら)が立(た)つ 화가 나다 | 全部(ぜんぶ) 전부 | 一生懸命(いっしょうけんめい) 열심히 | 今日(きょう) 오늘 | 生(い)きる 살다 | 証(あかし) 증거

산토리가 생맥주 캔 제품을 출시하면서 발표한 TV광고의 카피입니다. 생활인들이 겪는 일상의 고단함을 이해하면서 시원한 맥주로 하루의 끝을 즐기라는 메시지를 전합니다. 마음대로 안 되고, 지치고, 감정적으로 힘든 일들은 모두 열심히 살았기 때문에 생기는 것이라는 말은 공감 어린 위로가 됩니다. 하지만 열심히 살면서 좋은 일만 겪고 맥주를 마시면 더 좋을 텐데요. 하하, 욕심인가요?

형용사 うまい(맛있다, 솜씨가 좋다)의 부사형 うまく는 '잘, 능숙하게'라는 뜻입니다. うまく가 동사 いく(가다)와 결합된 うまくいく는 '(일이) 잘 풀리다'를 의미하고, 그 반대인 うまくいかない는 '(일이) 잘 안 되다'는 뜻으로 쓰입니다.

<u>いくぜ</u>。　　　　　　　　　　　　가자.

絶対に、　　　　　　　　　　　　절대로

引かなかった夏。　　　　　　　　물러서지 않았던 여름.

負けたくなかった夏。　　　　　　지고 싶지 않았던 여름.

走りつづけた夏。　　　　　　　　달리고 또 달렸던 여름.

夏が終わっても、　　　　　　　　여름이 끝나도

ヤツらが待ってる。　　　　　　　녀석들이 기다린다.

いつものコートが待ってる。　　　익숙한 코트가 기다린다.

さぁ、練習だ。　　　　　　　　　자, 연습이다.

　　　　　　　　　　　　　　　　- 슬램덩크 애니메이션 종영감사 신문광고 (2023)

行(い)く 가다 | 絶対(ぜったい)に 절대로 | 引(ひ)く 물러서다 | 夏(なつ) 여름 | 負(ま)ける 지다 | 走(はし)り続(つづ)ける 계속 달리다 | 終(お)わる 끝나다 | 奴(やつ)ら 녀석들, 놈들 | 待(ま)つ 기다리다 | 練習(れんしゅう) 연습

「いくぜ。」는 '간다.' 혹은 '가자.'라는 뜻입니다. 강한 결의나 다짐을 담은 남성적 구어체 표현으로 시작하는 이 광고는 2023년에 개봉한 <더 퍼스트 슬램덩크>의 상영이 끝난 후, 관객들에게 감사의 뜻을 전하기 위해 만들어졌습니다. 이 카피는 다시 농구공을 잡고 코트로 달려가는 소년들의 뒷모습을 떠올리게 하는 데 그치지 않습니다. 지금 어디에 있든, 쉽지만은 않은 여정에 있는 우리 모두에게 이야기하는 것 같습니다. 물러서지 말자고, 어제와 다르지 않은 오늘을 다시 땀 흘려 살아내는 것으로 우리는 또 한 걸음 나아간다고. 덩달아 가슴속 어딘가가 괜히 뜨거워지며, 조용히 스스로에게 외쳐보고 싶어집니다. **いくぜ!**

필사를 마친 지금,
당신의 마음에 남은 문장은 무엇인가요?

**엮고 쓴 이
정규영**

저자 정규영은 30년 가까이 광고를 만들어 온 크리에이티브 디렉터이다. 어느 날 그는 1980년대 일본의 국민 아이돌, 마쓰다 세이코의 노래에 푹 빠져 일본어 공부를 시작한다. 교재는 다름 아닌 일본 광고 카피! 각종 카피 관련 사이트를 들락날락하고, 일본의 고서점에서 수십 년 치의 광고 카피 연감을 구하여 카피를 모았다. 이후, 직접 번역한 카피를 인스타그램에 공유하고 브런치에 글을 쓰며 활동하고 있다.

- ㈜씨세븐플래닝즈 대표 겸 ㈜렛잇플로우 이사
- 한양사이버대학교 광고미디어학과 겸임교수
- 직접 카피를 쓴 광고가 대한민국광고대상 특별상, 소비자가 뽑은 좋은 광고상, 광고학회 선정 올해의 광고상, 대한민국광고대상 우수상, 미국 Questa Awards 동상 등 국내외 광고제 다수 수상
- 서강대학교 경제학과 졸업

인스타그램 @qy.jung
브런치 @gounsun

저서
〈일본어 명카피 핸드북〉(길벗이지톡)
〈한 줄 카피〉(포르체)

**감수
김수경**

감수를 맡은 김수경은 약 6년간의 일본 유학을 마치고 귀국한 뒤, 대학원에서 일본어 및 일본어 교육을 전문적으로 연구해 왔다. 이후 학원과 대학 등 다양한 교육 현장에서 강의하며, 학습자들이 일본어를 배우며 마주치는 어려움을 실감하고 이를 효과적으로 전달하기 위한 설명과 표현 방식을 고민해 왔다. 이러한 현장 경험을 바탕으로, 학습자의 시선에서 자연스럽고 이해하기 쉬운 표현을 고민하며 본서의 감수에 참여했다.

- 한국외국어대학교 강사
- 서강대학교 강사
- 시원스쿨 일본어 강사
- 한국외국어대학교 일반대학원 일어학 박사
- 한국외국어대학교 교육대학원 일본어교육 석사
- 學習院大學(가쿠슈인대학) 일본어일본문학과 학사

저서
〈시나공 JLPT 일본어 능력시험 N2 단어〉(길벗이지톡)
〈일본어 동사 활용 쓰기노트〉(시원스쿨)
〈독학 일본어 필수 문법〉(넥서스)

恋が終わってしまうのなら、夏がいい。
사랑이 끝나버릴 거라면, 여름이 좋다.

일본어 명카피 필사 노트

초판 발행	2025년 8월 10일	기획 및 책임편집	박정현(bonbon@gilbut.co.kr)
초판 2쇄 발행	2025년 9월 18일	디자인	강은경
지은이	정규영	제작	이준호, 손일순, 이진혁
발행인	이종원	마케팅	차명환, 장봉석, 최소영
발행처	(주)도서출판 길벗	유통혁신	한준희
브랜드	길벗이지톡	영업관리	김명자, 심선숙
출판사 등록일	1990년 12월 24일	독자지원	윤정아
주소	서울시 마포구 월드컵로 10길 56(서교동)	감수	김수경
대표 전화	02)332-0931	교정교열	이경숙
팩스	02)323-0586	전산편집	조영라
홈페이지	www.gilbut.co.kr	녹음 및 편집	와이알미디어
이메일	eztok@gilbut.co.kr	인쇄 및 제본	상지사

- 길벗이지톡은 (주)도서출판 길벗의 성인어학서 출판 브랜드입니다.
- 이 책은 저작권법의 보호를 받는 저작물로 이 책에 실린 모든 내용, 디자인, 이미지, 편집 구성은 허락 없이 복제하거나 다른 매체에 옮겨 실을 수 없습니다.
- 인공지능(AI) 기술 또는 시스템을 훈련하기 위해 이 책의 전체 내용은 물론 일부 문장도 사용하는 것을 금지합니다.
- 잘못 만든 책은 구입한 서점에서 바꿔 드립니다.
- 책 내용에 대한 문의는 길벗 홈페이지(www.gilbut.co.kr) 고객센터에 올려 주세요.

ⓒ 정규영, 2025

ISBN 979-11-407-1484-1 03730 (길벗 도서번호 301231)
가격: 21,000원

독자의 1초를 아껴주는 정성, 길벗출판사

(주)도서출판 길벗 IT단행본, 성인어학, 교과서, 수험서, 경제경영, 교양, 자녀교육, 취미실용·www.gilbut.co.kr
길벗스쿨 국어학습, 수학학습, 주니어어학, 어린이단행본, 학습단행본 www.gilbutschool.co.kr
유튜브 @GILBUTEZTOK | 인스타그램 gilbut_eztok | 네이버포스트 gilbuteztok